As cartas de Bezos

Steve Anderson com Karen Anderson

As cartas de Bezos

14 princípios para crescer como a Amazon

SEXTANTE

Título original: *The Bezos Letters*

Copyright © 2020 por Steve Anderson
Copyright da tradução © 2020 por GMT Editores Ltda.

Todos os direitos reservados. Nenhuma parte deste livro pode ser utilizada ou reproduzida sob quaisquer meios existentes sem autorização por escrito dos editores.

tradução: Debora Fleck
preparo de originais: Rafaella Lemos
revisão: Eduardo Carneiro, Jean Marcel Montassier e Luis Américo Costa
diagramação: Ana Paula Daudt Brandão
capa: DuatDesign
impressão e acabamento: Cromosete Gráfica e Editora Ltda.

CIP-BRASIL. CATALOGAÇÃO NA PUBLICAÇÃO
SINDICATO NACIONAL DOS EDITORES DE LIVROS, RJ

A561c

Anderson, Steve
 As cartas de Bezos / Steve Anderson, Karen Anderson ; tradução Debora Fleck. -1. ed. - Rio de Janeiro : Sextante, 2024.
 256 p. ; 21 cm.

 Tradução de: The Bezos letters
 ISBN 978-65-5564-864-5

 1. Amazon.com (Firma). 2. Bezos, Jeffrey, 1964-. 3. Planejamento estratégico. 4. Sucesso nos negócios. I. Anderson, Karen. II. Fleck, Debora. III. Título.

24-88324 CDD: 338.04
 CDU: 334.722:(004.738.5:339)

Gabriela Faray Ferreira Lopes - Bibliotecária - CRB-7/6643

Todos os direitos reservados, no Brasil, por
GMT Editores Ltda.
Rua Voluntários da Pátria, 45 – 14º andar – Botafogo
22270-000 – Rio de Janeiro – RJ
Tel.: (21) 2538-4100
E-mail: atendimento@sextante.com.br
www.sextante.com.br

*Para Karen, meu amor da juventude,
minha esposa, minha amiga.
Este livro não teria existido sem você.
Obrigado por acreditar em mim!*

Sumário

Prefácio	9
Risco e crescimento	12
Por que as cartas de Bezos?	18
Os 14 Princípios de crescimento	29
Carta aos acionistas de 1997 com os 14 Princípios de crescimento em destaque	31

Ciclo de crescimento: Testar

Princípio 1: Incentivar o "fracasso bem-sucedido"	41
Princípio 2: Apostar em grandes ideias	54
Princípio 3: Praticar invenção e inovação dinâmicas	66

Ciclo de crescimento: Construir

Princípio 4: Ter obsessão pelo cliente	79
Princípio 5: Aplicar um pensamento de longo prazo	90
Princípio 6: Compreender seu *flywheel* – ou círculo virtuoso	103

Ciclo de crescimento: Acelerar

Princípio 7: Agilizar a tomada de decisões	115
Princípio 8: Simplificar o que é complexo	131

Princípio 9: Acelerar o tempo por meio da tecnologia   146

Princípio 10: Promover a atitude de dono   158

Ciclo de crescimento: Escalar

Princípio 11: Manter uma cultura própria   169

Princípio 12: Focar em padrões de excelência   182

Princípio 13: Medir o que importa, questionar o que é medido e confiar na própria intuição   195

Princípio 14: Acreditar que é sempre o "Dia 1"   206

Uma mentalidade voltada para o risco e o crescimento   214

Para além da Amazon   225

Carta aos donos de ações de 2018 com os 14 Princípios de crescimento em destaque   233

Glossário de termos usados pela Amazon   244

Notas   250

Prefácio

Quando as pessoas me perguntam o que fazer para alcançar ganhos imediatos em suas empresas, respondo na mesma hora: "Arrume um mentor." Nos últimos 20 anos, sempre fiz questão de trabalhar com os melhores e mais brilhantes mentores para obter resultados significativos em termos pessoais e profissionais.

Recorrendo a eles, consegui ter acesso à sabedoria, aos insights e à experiência de outras pessoas. Eles compartilham comigo o que aprenderam com seus êxitos e – o que costuma ser ainda melhor – com seus fracassos. Além disso, me oferecem pontos de vista diferentes quando não sou capaz de enxergar para além de minhas suposições e limitações pessoais. Isso tem me ajudado a pilotar os negócios em tempos bons, ruins ou ótimos. A bem da verdade, posso afirmar com total certeza que, sem meus mentores, eu nunca teria chegado tão longe tão depressa.

Um bom mentor é alguém que foi mais longe que você, já viu mais coisas, falhou de formas mais interessantes e venceu desafios mais complexos do que os que você enfrentou. Muita gente preenche esses requisitos, mas no cenário atual uma figura se destaca em particular.

Imagine ter Jeff Bezos, fundador e CEO da Amazon, como seu mentor de negócios. Eu agarraria com unhas e dentes a chance de fazer a ele uma pergunta que não é nada simples: "Como exatamente você fez a Amazon crescer?" Eu adoraria ter a oportunidade de tirar proveito dos insights e das experiências dele para alavancar meu próprio negócio. Quem não adoraria?

Infelizmente, o mais provável é que isso não seja possível nem para você nem para mim. Mas a boa notícia é que, com *As cartas de Bezos*, meu amigo Steve Anderson conseguiu algo bem parecido. Ler este livro é viver um pouco a sensação de ter Bezos como seu mentor de negócios. Você tem a oportunidade de ver o que ele vê, pensar o que ele pensa – e então aplicar essas ideias em seu negócio de formas que talvez nunca tenha imaginado, da maneira que Bezos as aplicou para transformar a Amazon numa das empresas mais bem-sucedidas do mundo.

Como Steve fez isso? Ele examinou as cartas de Bezos para os acionistas da Amazon e identificou *14 Princípios de crescimento*. Alguns desses conceitos estão evidentes nas cartas, enquanto outros se encontram sob a superfície. Steve mostra como eles funcionam em conjunto, ajudando a Amazon a crescer como nenhuma outra companhia. Essas ideias estavam à disposição para quem quisesse ver, mas acho que só Steve as enxergaria da forma como fez.

Ele passou décadas pesquisando e analisando tendências em negócios e tecnologia, com foco específico em risco, e sua abordagem é diferente da que a maioria de nós pode presumir de início. Steve vem acompanhando de perto o que se descortina no horizonte e como é possível transformar oportunidades futuras em vantagens.

Pense nele como um guia para penetrar na mente de Jeff Bezos. Ele é como um arqueólogo que mergulhou fundo nas profundezas do Amazonas – perdoe o trocadilho – e encontrou uma estrutura extraordinária que poucos conseguiram entender e cujas inscrições poucos decifraram. Steve decodificou para todos nós a lógica por trás das cartas de Bezos e as traduziu numa linguagem que é ao mesmo tempo fácil de entender e de aplicar em praticamente qualquer negócio ou organização.

Além disso, Steve conta histórias fascinantes sobre os mais variados temas, desde como Bezos viveu experiências de "fracasso bem-sucedido" a como ele olha para o espaço sideral. Essas histórias são verdadeiras janelas que nos descortinam possibilidades de crescimento no futuro.

Tendo Bezos como mentor e Steve como tradutor, você entenderá com clareza como elevar seu negócio a um patamar mais alto, mais produtivo e mais impactante. Ao aplicar em sua empresa os *14 Princípios de crescimento* revelados aqui, você terá à mão tudo de que precisa para fazer seu negócio crescer como a Amazon.

Michael Hyatt
CEO da Michael Hyatt & Company

Risco e crescimento

Depois de mais de 35 anos estudando o assunto, acredito que existem apenas dois tipos de risco nos negócios: riscos de execução e riscos de omissão. Em outras palavras, os que você assume e os que você não assume.

Graças a Jeff Bezos, a Amazon foi a empresa a atingir mais rápido a marca dos 100 bilhões de dólares em vendas. Como ele alcançou esse feito? Jeff Bezos é, sem dúvida, o mestre do risco.

~

Como consultor em tecnologia e risco, percebi que as pessoas procuram se proteger *contra* o risco – que é visto como algo inerentemente "ruim". Elas fazem tudo que podem para ter certeza de que estão protegidas caso algo inesperado e devastador venha a acontecer, deixando-as vulneráveis e financeiramente expostas.

Só que, bem, eu não vejo o risco dessa forma. E descobri que Jeff Bezos também não.

O que descobri foi que existe uma relação fundamental entre risco e crescimento que a maioria das pessoas ignora. Dessa perspectiva, o risco pode ser encarado sob uma ótica muito positiva. É por isso que este livro examina o crescimento da Amazon de um ponto de vista ligeiramente diferente – pelas lentes do risco.

Claro que os riscos fazem parte de qualquer negócio, mas se arriscar aleatoriamente é como um lance de dados. Nunca se sabe o que vai sair. Porém Bezos assume riscos com *intencionalida-*

de – algo que outras empresas também podem fazer para atingir melhores resultados.

Acredito que o crescimento da Amazon se deve à estratégia única de Bezos de correr e alavancar riscos e a seu compromisso de criar uma cultura de experimentação e invenção. Tudo se baseia em sua maneira de ver o sucesso e o fracasso.

O começo

Em julho de 1994, aos 30 anos, Jeff Bezos criou uma pequena livraria on-line chamada Amazon.com, batizada em homenagem ao maior rio da América do Sul. (Curiosamente, a Amazon quase se chamou "Cadabra", de "abracadabra", mas Bezos decidiu trocar o nome depois que seu advogado se confundiu e entendeu "cadáver".)

Ele adotou o nome do rio por duas razões: para sugerir escala (a Amazon.com foi lançada com o slogan "a maior livraria do mundo") e porque, naquela época, os sites eram listados em ordem alfabética, e assim a Amazon apareceria entre os primeiros.

O que começou como uma ideia simples logo cresceu e se transformou numa das companhias mais valiosas do mundo (em valor de mercado), ao lado de Apple, Microsoft e Google. A Amazon foi a empresa que chegou mais rápido à marca de 100 bilhões de dólares em vendas e uma das primeiras a ser avaliada em 1 trilhão de dólares. Ela emprega mais de 647 mil pessoas, número maior que a população de diversos países, como Luxemburgo, Islândia e as Bahamas. Em 2010, Bezos declarou:

> A ideia de começar a Amazon surgiu 16 anos atrás. O uso da internet crescia 2.300% ao ano. Nunca tinha visto nada que crescesse tão rápido e fiquei entusiasmado com a ideia de montar uma livraria on-line com milhões de títulos disponíveis – algo que jamais poderia existir no mundo real.

> Tinha acabado de fazer 30 anos e estava casado havia um ano. Contei à minha mulher, MacKenzie, que queria largar o emprego e me lançar nessa empreitada maluca que provavelmente não daria certo, porque a maioria das startups não dá. Eu não fazia ideia do que viria depois. MacKenzie, formada também em Princeton, me disse que eu deveria seguir em frente.
> Quando garoto, fui um inventor de garagem. Inventei um mecanismo automático de fechamento de portões com pneus cheios de cimento, um fogão solar que não funcionou muito bem, construído com um guarda-chuva e papel-alumínio, além de alarmes feitos de assadeiras para assustar meus irmãos. Sempre quis ser inventor, e ela quis que eu seguisse minha paixão.
>
> – Discurso aos formandos da Universidade de Princeton, 2010[1]

Em seus primeiros vinte anos de existência, a Amazon sobreviveu à bolha da internet do início dos anos 2000, à crise financeira e à grande recessão de 2007-2009, além de ter superado inúmeras outras crises que tiraram de cena muitos de seus contemporâneos.

Em 2018, quando a Amazon alcançou o valor de 1 trilhão de dólares, Bezos já tinha ultrapassado Bill Gates, Warren Buffett e outros sete bilhões de pessoas, tornando-se o homem mais rico do mundo, com patrimônio líquido de mais ou menos 137 bilhões de dólares.

O que impulsionou esse crescimento sem precedentes?

E como Bezos transformou uma livraria on-line numa companhia desse porte, justamente num período que testemunhou o colapso de inúmeras livrarias e outras empresas de tecnologia? O que você daria para que o próprio Bezos explicasse a você os segredos que levaram a Amazon a esse patamar e o tornaram o homem mais rico do mundo?

Felizmente, ele não agiu por trás dos panos, escondendo seus mecanismos e estratégias, como o Mágico de Oz. É aí que entram as *Cartas aos acionistas*. Elas revelam suas ideias e estratégias, dos primórdios da Amazon até hoje.

Bezos foi extremamente hábil ao fazer a Amazon crescer: ele sabia que existe uma tensão delicada entre risco e crescimento. É impossível crescer sem assumir riscos.

Mas é nesse aspecto que ele faz algo que eu considero incrivelmente astuto: Jeff escolhe disputar o jogo de forma diferente, sempre analisando seu "retorno sobre o risco".

Retorno sobre o risco, ou ROR, trata da relação entre o custo do risco e seu retorno (que nem sempre é financeiro). É similar ao conhecido retorno sobre o investimento (ROI).

Retorno sobre o risco

Do proprietário ao recepcionista, todos os envolvidos num negócio entendem que tudo que fazemos tem um custo e um benefício. Cada dólar gasto em propaganda, salários, compra de materiais, entrega de mercadorias ou construção de um site, por exemplo, deve ter um retorno de mais de um dólar. Da mesma forma, cada minuto gasto em qualquer tarefa deve gerar uma renda que compense o tempo despendido.

Embora a maioria das pessoas enxergue o dinheiro gasto nos negócios como um investimento, quase ninguém encara o risco do mesmo modo – à exceção de Jeff Bezos.

Quando a internet estava se popularizando, Bezos foi rápido ao perceber que uma taxa de crescimento de 2.300% era excepcional. Ele largou um emprego estável em Wall Street para criar uma empresa on-line numa época em que a maioria desses negócios era de "reputação duvidosa". Pegou um empréstimo de 300 mil dólares com os pais e se mudou com a família para o outro lado do país, lançando-se numa empreitada totalmente nova.

Isso foi arriscado? Eu diria que sim.

Vale lembrar que, nos primórdios da Amazon, Jeff Bezos estava criando uma livraria on-line. E ninguém sabia o que era uma livraria on-line.

Em 1997, quase ninguém tinha acesso à internet em casa, e quem tinha usava a "internet discada". Na carta de 1997, Bezos se refere à "World Wide Web" como "World Wide Wait", fazendo um trocadilho com a palavra "wait", que significa "espera".

Quando Bezos criou a Amazon, *Harry Potter e a Pedra Filosofal*, de J. K. Rowling, tinha acabado de ser lançado no Reino Unido. Ainda não havia nenhum outro livro do Harry Potter, muito menos filme ou parque temático.

O ano de 1997 também nos trouxe Bill Clinton, o seriado *Friends* e o filme *Titanic*; não havia nem sinal de "computação na nuvem" (nuvem mesmo, só no céu). O navegador preferido por quem tinha acesso à internet era o Netscape e os DVDs estavam começando a se popularizar – porque o streaming ainda levaria uns vinte anos para aparecer.

E Bezos *largou o emprego* para lançar uma livraria on-line.

Ele sem dúvida assumiu riscos, numa época em que os negócios on-line eram, na melhor das hipóteses, uma péssima aposta. Um ano após a criação da Amazon, Bezos escreveu:

> Nossa previsão é de que os próximos três anos e meio sejam ainda mais emocionantes. Estamos trabalhando para construir um lugar onde dezenas de milhões de clientes possam encontrar qualquer coisa que queiram comprar on-line. Estamos de fato no "Dia 1" da internet, e se executarmos bem nosso plano de negócios, será sempre o "Dia 1" para a Amazon.com. Levando em conta o que já aconteceu, talvez seja difícil conceber algo assim, mas acreditamos que as oportunidades e os riscos à nossa frente são ainda maiores que os do passado. Teremos que fazer muitas escolhas conscientes e deliberadas, algumas audaciosas e pou-

co convencionais. Tomara que algumas se mostrem acertadas. Pois, com certeza, outras não passarão de equívocos.

– Bezos, carta de 1998

Olhando em retrospecto, Bezos de fato cometeu alguns "equívocos", mas também alcançou um crescimento inigualável.

Embora tenha começado com um modelo de negócios e uma ideia principal – e por mais que parecesse que ele estava colocando "todos os ovos numa cesta só" –, desde o início seu plano era diversificar. A diferença é que ele estava o tempo todo testando para ver o que o mercado queria e inovando em benefício dos clientes, mesmo quando nem eles sabiam o que queriam. Os riscos eram intencionais e calculados, mas ainda assim eram riscos.

Ele começou assumindo o risco de montar uma empresa pontocom e, com o dinheiro que conseguiu juntar, mais o empréstimo dos pais, alavancou a ideia, transformando-a na Amazon, uma empresa que conquistou reconhecimento mundial e o tornou o homem mais rico do mundo.

É por isso que Bezos é um grande mestre do risco.

Por que as cartas de Bezos?

(...) escolhemos **priorizar o crescimento** porque acreditamos que a escala é fundamental para alcançar o potencial do nosso modelo de negócios.

– Bezos, carta de 1997

Há alguns anos, participei de um grupo de trabalho que investigava a natureza mutável do risco. Quando comecei a pesquisar esse tema nos negócios, descobri as cartas escritas por Jeff Bezos aos acionistas nos últimos 22 anos.

Venho estudando empresas grandes e pequenas durante a maior parte das últimas quatro décadas, e sempre tento "ler nas entrelinhas" para descobrir o que faz a diferença entre sucesso e fracasso.

À medida que analisava as cartas, ideias e padrões começaram a vir à tona. Percebi que, nelas, Bezos ia revelando como a Amazon se tornara a empresa com o crescimento mais rápido da história e, alguns diriam, a mais bem-sucedida de todos os tempos.

Nesse processo, ficou claro para mim que havia nos textos *Ciclos de crescimento* e *14 Princípios de crescimento* capazes de ajudar qualquer empresa em qualquer ramo.

E o que é melhor: ficou evidente que não é preciso dispor de bilhões de dólares para implementar nenhum desses princípios. A própria Amazon não tinha bilhões de dólares à sua disposição quando começou. Como já vimos, Bezos contava apenas com um empréstimo dos pais.

A maioria dos princípios descritos aqui não custa nem um centavo e pode ser implementada tanto no Vale do Silício quanto em Nashville, Londres ou São Paulo. Você poderia aplicá-los facilmente a uma empresa de tecnologia, a uma pizzaria ou a uma organização sem fins lucrativos.

De início, fiquei um tanto surpreso ao constatar que apenas 14 princípios tinham sido responsáveis por transformar a Amazon numa empresa avaliada em 1 trilhão de dólares. Pesquisei com todo o empenho, em busca de outros elementos, mas tudo se encaixava perfeitamente em um ou mais desses 14 princípios.

Como costuma acontecer às ideias de impacto, você verá que os *14 Princípios de crescimento* são bastante simples – mas de forma alguma simplistas.

Não é preciso ter um diploma de pós-graduação ou uma equipe enorme para colocá-los em ação. A bem da verdade, depois de entendê-los, tenho certeza de que qualquer empresário será capaz de adotar esses princípios de imediato.

Digo isso mesmo sem saber nada sobre você ou sobre o seu negócio. Venho trabalhando com empresas públicas e privadas nas últimas décadas e não consigo pensar num único cliente, ao longo de todos esses anos, que não pudesse começar a usar esses princípios agora mesmo.

Não importa se você é diretor de uma multinacional, empreendedor individual ou o equivalente, hoje, ao líder de uma startup de venda de livros on-line. O primeiro passo para seu negócio crescer como a Amazon é começar pelos fundamentos revelados por Bezos.

De início, preciso esclarecer que esses princípios *não* foram expressamente declarados por Bezos ou pela Amazon; trata-se de algo que extraí ao estudar as cartas escritas por Bezos para seus acionistas, documentando o posicionamento e o crescimento da empresa no mercado.

À primeira vista, as cartas de Bezos aos acionistas (que chamo simplesmente de *Cartas aos acionistas*) oferecem aos leitores um vislumbre interessante dos bastidores de uma das empresas mais bem-sucedidas do mundo.

Contudo, ao nos aprofundarmos e lermos as cartas como uma narrativa – cerca de vinte cartas independentes –, alguns padrões começam a vir à tona. Quando levamos em conta o contexto de negócios da Amazon e o que estava acontecendo no mundo no momento em que cada uma foi escrita, inúmeros elementos saltam das páginas e podem ser aplicados aos negócios de hoje.

Analisei as 22 *Cartas aos acionistas*[2] de 1997 a 2018, investigando o que Bezos de fato disse sobre a forma como a Amazon operou desde sua fundação e o que levou a empresa a alcançar esse crescimento fora de série. Examinei o que funcionou e o que não funcionou. Li, reli, pesquisei e dissequei tudo que dizia cada uma dessas cartas para descobrir como Bezos transformou aquela livraria on-line numa companhia de 1 trilhão de dólares em pouco mais de duas décadas.

Talvez você esteja se perguntando: será que quando Bezos começou já tinha consciência desses princípios de crescimento?

Bom, sim e não.

Não, porque eles não foram articulados dessa forma pelo próprio Bezos; na verdade, surgiram da minha análise das cartas. Obviamente, ele não os mantinha expostos e emoldurados em seu escritório. O que ele mantinha bem visíveis em seu escritório eram os *Princípios de* **liderança** *da Amazon* (incluídos no 11º Princípio de crescimento). Conforme aparece enunciado no site da empresa:

> Os *Princípios de liderança da Amazon* são um conjunto de padrões que todos os amazonianos procuram seguir todos os dias; eles estão entranhados em nossa cultura. Os funcionários os adoram

porque eles explicam com toda a clareza os comportamentos que nós valorizamos. É raro um funcionário da Amazon passar um dia sem ouvir alguma referência aos *Princípios de liderança da Amazon* como guia para se fazer a coisa certa. Trata-se de uma abordagem universal sobre a forma como trabalhamos aqui.[3]

A maioria das pessoas concordaria que uma empresa não consegue alcançar seu pleno potencial de crescimento sem uma grande liderança. A liderança está no centro do crescimento empresarial e é um valor profundamente arraigado na Amazon.

Desde o início, Bezos sempre teve a intenção de incentivar a liderança em todas as áreas de seu negócio.

Porém, liderança empresarial é diferente de *crescimento* empresarial.

Agora, voltando à questão: será que, logo de início, Bezos já tinha consciência dos princípios de crescimento? Acredito que sim. Ele apenas não os havia articulado de forma tão clara. Jeff não os divulgou da mesma forma como fez com os *Princípios de liderança da Amazon*, mas, desde a primeira carta aos acionistas, esses *14 Princípios de crescimento* já se mostravam centrais para explicar a maneira como a empresa crescia. Para Bezos, essas diretrizes eram intuitivas e nasceram de sua personalidade e de sua experiência empresarial.

Contudo, só porque eles eram intuitivos para Bezos, isso não significa que você não possa usar esses mesmos princípios para fazer sua empresa crescer. Para esclarecer, o propósito deste livro não é transformar o seu negócio na próxima Amazon (embora seja algo que pode acontecer e o próprio Bezos venha se preparando para a eventual obsolescência de sua organização, mas isso é outra história).

A ideia é que você entenda como a Amazon cresceu usando os *14 Princípios de crescimento* e veja o que pode aplicar a seu negócio ou organização para se expandir de forma a estar posicionado na vanguarda, como a Amazon.

Os Ciclos de crescimento e os 14 Princípios

À medida que estudava as *Cartas aos acionistas*, percebi que elas se dividiam em *Ciclos de crescimento* que se repetem e que Bezos aplica a praticamente qualquer iniciativa: testar, construir, acelerar e escalar. Os princípios se encaixam em cada uma dessas áreas.

Três princípios ajudaram a Amazon a **testar** suas ideias estrategicamente:

- Incentivar o "fracasso bem-sucedido"
- Apostar em grandes ideias
- Praticar invenção e inovação dinâmicas

Três princípios ajudaram a Amazon a **construir** para o futuro:

- Ter obsessão pelo cliente
- Aplicar um pensamento de longo prazo
- Compreender seu *flywheel* – ou círculo virtuoso

Quatro princípios ajudaram a Amazon a **acelerar** seu crescimento:

- Agilizar a tomada de decisões
- Simplificar o que é complexo
- Acelerar o tempo por meio da tecnologia
- Promover a atitude de dono

E quatro princípios ajudaram a Amazon a **escalar**:

- Manter uma cultura própria
- Focar em padrões de excelência
- Medir o que importa, questionar o que é medido e confiar na própria intuição
- Acreditar que é sempre o "Dia 1"

Embora *testar, construir, acelerar* e *escalar* sejam termos familiares a muitos empresários, eles assumem um significado diferente no contexto das *Cartas aos acionistas*.

Se há uma grande diferença no significado dessas palavras para a Amazon, é porque a empresa não as encara do ponto de vista acadêmico. Ela transforma esses ciclos numa parte do processo de planejamento com o mesmo tipo de intencionalidade com que Bezos lida com a questão do risco.

Para ele, os negócios estão sempre mudando, em movimento constante. Fazer um negócio crescer implica estar sempre testando, construindo, acelerando e escalando alguma coisa.

E, depois de descobrir o que funciona, você aplicará o processo repetidas vezes.

A primeira carta de Bezos aos acionistas

Jeff Bezos escreveu a primeira carta aos acionistas em 1997. (As cartas costumam ser divulgadas em abril do ano seguinte. Para comentários e análises sobre as cartas posteriores a 2018, acesse TheBezosLetters.com, em inglês.)

Era o "Dia 1" da Amazon – referindo-se a todo o entusiasmo, ao compromisso de servir os clientes para além das expectativas e aos produtos inovadores que costumam abastecer os motores de uma startup.

O interessante, porém, é que, no ano seguinte, ao escrever a carta de 1998, Bezos fez referência à carta de 1997. Ele fez o mesmo em 1999 e repetiu a dose no ano seguinte, no próximo... e em *todos os anos desde então*. Ele sempre volta à primeira carta, de 1997.

Com o passar do tempo, a frase de encerramento da *Carta aos acionistas* se tornou sempre a mesma:

"Como sempre, anexo uma cópia de nossa carta original, de 1997. Continua sendo o 'Dia 1'."

Ao examinar os 22 anos de cartas como um todo e o crescimento meteórico da Amazon, me perguntei por que ele sempre se referia à carta de 1997, em que falava pela primeira vez sobre o "Dia 1".

Três hipóteses surgiram.

A primeira é que o ponto central dessa carta era o compromisso da Amazon com o foco no longo prazo.

Bezos não queria investidores que estivessem ali apenas para ganhos imediatos. Ele estava criando uma companhia sobre a qual queria contar aos netos – e Bezos ainda não tinha netos.

A segunda hipótese é que a carta de 1997 comunicava sua paixão pela empresa e os elementos necessários para criar uma startup bem-sucedida e *sustentável* – como, por exemplo, ter obsessão pelo cliente e fazer inovações constantes em benefício deles. Esses são os elementos para o sucesso empresarial que ele carinhosamente chama de "Dia 1".

A terceira hipótese é que, de uma forma ou de outra, o conceito de risco estava sempre presente. No começo da carta de 1997, quando menciona o futuro e seus possíveis desdobramentos, Bezos diz com todas as letras: "Esta estratégia não é desprovida de riscos..." Além disso, fala sobre desafios para o crescimento, sobre riscos de execução e, ainda, sobre riscos ligados à expansão de produtos e à expansão geográfica. Resumindo: crescer rápido implica muitos riscos.

Mesmo assim, em meio a todo o crescimento e a tantos riscos, o fato é que Bezos sempre teve muita clareza sobre seu valor fundamental: a obsessão pelo cliente.

Como já dissemos, os *Princípios de liderança da Amazon* são parte integral da cultura da empresa. Eles não são numerados, mas começam justamente com a obsessão pelo cliente.[4]

Princípio de liderança da Amazon – Obsessão pelo cliente: O ponto de partida dos líderes é o cliente. Eles trabalham com determinação para conquistar e manter sua confiança. Líderes estão atentos à concorrência, mas sua obsessão é pelos clientes.

Você poderia pensar que a obsessão pelo cliente é o ponto de partida do crescimento, porque os negócios sempre "giram em torno dos clientes". No entanto, é aí que liderança e crescimento empresarial começam a se distanciar.

Para que seu negócio cresça, é preciso trabalhar com a meta em mente, mas seu "objetivo final" é diferente de simplesmente manter o foco nos clientes.

Em outras palavras, o foco de princípios de liderança está nas pessoas, enquanto o de princípios de crescimento está no negócio como um todo. É claro que eles se sobrepõem em certos aspectos – mas princípios de liderança se aplicam à forma como as pessoas trabalham, enquanto princípios de crescimento dizem respeito à maneira como a organização trabalha. É por isso que a lista de *Princípios de crescimento* termina com o "Dia 1" – em vez de partir daí. Para que seu negócio cresça, o ciclo precisa sempre começar do zero.

À medida que eu me debruçava sobre todas as cartas que Bezos enviou aos acionistas nos últimos 22 anos, me dei conta de algo extraordinário.

Depois de identificar os *Ciclos de crescimento* e os *14 Princípios de crescimento* essenciais para explicar a ascensão excepcional da Amazon, voltei para o início e, após examinar ainda mais, descobri que todos os *14 Princípios de crescimento* já estavam presentes naquela primeira carta de 1997. Para mim, isso explica por que ele sempre faz referência à sua carta inicial.

Talvez você esteja se perguntando: se nunca trabalhei na Amazon ou para a Amazon, o que me qualifica a escrever este livro? Muitas vezes, alguém de fora é capaz de oferecer uma perspectiva que quem está dentro não consegue. De fato, minha visão do crescimento da Amazon é através de uma lente completamente diferente – a do risco.

Passei toda a minha carreira analisando negócios e risco. Meu ponto de vista vem do mercado de seguros, no qual fui consultor de tecnologia e pesquisador de tendências, ajudando empresas de todos os tamanhos, dos dois lados – o da empresa que oferece cobertura e o do consumidor que precisa de proteção –, a avaliar e "administrar" riscos.

Essa era a minha mentalidade quando me deparei com as *Cartas aos acionistas* e descobri que Bezos vem usando o risco de maneira estratégica nos últimos 25 anos.

Infelizmente, nem todo mundo vai dedicar algum tempo à leitura de todas as 22 *Cartas aos acionistas* (embora eu recomende firmemente que o façam, já que elas são extraordinariamente reveladoras). Levando em conta que muitas pessoas consideram "desafiadora" a missão de ler todas as cartas, optei por não incluí-las aqui. Ao longo de todo o livro, porém, usarei várias citações e ideias presentes nas cartas para demonstrar e embasar os *Ciclos de crescimento* e os meus *14 Princípios de crescimento*.

Fui meticuloso na análise e extraí das cartas tudo que você precisa saber. Para facilitar, nas citações que aparecem no início dos capítulos, pus em negrito as palavras que expressam a ideia principal de Bezos, de modo que você consiga facilmente identificá-las. (Bezos não usa negrito em seus escritos, de modo que qualquer destaque é meu.)

Pelo bem da clareza, vale ressaltar que cada um dos *14 Princípios de crescimento* opera individualmente – mas nenhum deles opera isoladamente. Eles estão presentes, de uma forma ou de outra, em tudo que a Amazon fez até agora para se tornar a companhia que é hoje.

Eis o que sugiro para você aproveitar a leitura ao máximo:

- Em primeiro lugar, se familiarize com os *Ciclos de crescimento* e os *14 Princípios de crescimento* que extraí das cartas de Bezos. Isso lhe dará um panorama do que virá em seguida.
- Em seguida, dedique algum tempo a ler a carta aos acionistas de 1997. Além de ser a primeira que ele escreveu, Bezos se refere a ela todos os anos. É o elemento-chave para entender como ele pensa e por que faz o que faz.
- Ao ler a carta de 1997, você verá que cada vez que identifiquei nela um dos *14 Princípios de crescimento*, incluí um destaque em **negrito**. Os princípios não aparecem em nenhuma ordem específica, mas estão todos ali.
- Na sequência, você verá que dividi o livro de acordo com os *Ciclos de crescimento* e os *Princípios de crescimento* correspondentes. Os princípios estão descritos em detalhe, com citações de Bezos, histórias da Amazon e as lições que eles aprenderam (e com as quais você também pode aprender) enquanto começavam, cresciam, falhavam, se reorganizavam e se transformavam no que são hoje.
- Ao final de cada capítulo, há duas ou três perguntas curtas. Reserve um tempo para pensar nas suas respostas. Tudo que você precisa é de uma única ideia inovadora com potencial de gerar crescimento massivo.

- Após os capítulos dedicados aos *14 Princípios de crescimento*, peguei a carta aos donos de ações de 2018 e acrescentei os princípios e destaquei os conceitos em negrito, como fiz com a carta de 1997. Uma vez familiarizado com os 14 Princípios, você verá que, de uma forma ou de outra, já estavam todos ali.

Antes de começar, só mais uma coisa. Espero que, à medida que for lendo sobre os *Ciclos de crescimento* e os *14 Princípios de crescimento*, você comece a entender por que eles estavam "escondidos à vista de todos" nas *Cartas aos acionistas*. Quando você chegar ao final e ler a carta de 2018, talvez encontre os princípios em lugares diferentes dos que eu encontrei, o que me deixaria muito feliz.

Porque é isto que espero com este livro: que você consiga enxergar através das lentes do risco para identificar em seu negócio onde estão os *14 Princípios de crescimento*.

Agora, a Amazon é uma "empresa perfeita"? Não. Jeff Bezos é um "homem perfeito"? Também não. Você pode amar ou odiar a Amazon. Amar ou odiar Jeff Bezos. Tudo bem.

Mas, para os objetivos específicos deste livro – e o crescimento futuro do seu negócio –, deixe em suspenso todos os seus sentimentos pela Amazon e por Bezos. Distancie-se um pouco para enxergar o que ambos fizeram para que a Amazon se tornasse a empresa a atingir mais rápido a marca de 100 bilhões de dólares em vendas.

Os 14 Princípios de crescimento

CICLOS DE CRESCIMENTO:
Testar, Construir, Acelerar, Escalar

Testar

Princípio 1. Incentivar o "fracasso bem-sucedido"
Princípio 2. Apostar em grandes ideias
Princípio 3. Praticar invenção e inovação dinâmicas

Construir

Princípio 4. Ter obsessão pelo cliente
Princípio 5. Aplicar um pensamento de longo prazo
Princípio 6. Compreender seu *flywheel* – ou círculo virtuoso

Acelerar

Princípio 7. Agilizar a tomada de decisões
Princípio 8. Simplificar o que é complexo
Princípio 9. Acelerar o tempo por meio da tecnologia
Princípio 10. Promover a atitude de dono

Escalar

Princípio 11. Manter uma cultura própria
Princípio 12. Focar em padrões de excelência
Princípio 13. Medir o que importa, questionar o que é medido e confiar na própria intuição
Princípio 14. Acreditar que é sempre o "Dia 1"

OS 14 PRINCÍPIOS DE CRESCIMENTO

TESTAR

Incentivar o "fracasso bem-sucedido"

Apostar em grandes ideias

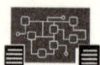
Praticar invenção e inovação dinâmicas

CONSTRUIR

Ter obsessão pelo cliente

Aplicar um pensamento de longo prazo

Compreender seu *flywheel* – ou círculo virtuoso

ACELERAR

Agilizar a tomada de decisões

Simplificar o que é complexo

Acelerar o tempo por meio da tecnologia

Promover a atitude de dono

ESCALAR

Manter uma cultura própria

Focar em padrões de excelência

Medir o que importa, questionar o que é medido e confiar na própria intuição

Acreditar que é sempre o "Dia 1"

Carta aos acionistas de 1997 com os 14 Princípios de crescimento em destaque

Aos nossos acionistas:

Em 1997, a Amazon.com ultrapassou diversos marcos: no fim do ano, já tínhamos atendido mais de 1,5 milhão de clientes, gerando um crescimento de 838% na receita, que atingiu 147,8 milhões de dólares. Também ampliamos nossa liderança de mercado, apesar da agressiva entrada de concorrentes.

Porém, este é o **"Dia 1"** (*14. Acreditar que é sempre o "Dia 1"*) para a internet e, se nos sairmos bem, para a Amazon.com. Hoje, com o comércio on-line, os clientes economizam dinheiro e tempo precioso. No futuro, por meio da personalização, o comércio on-line vai acelerar o próprio **processo de descoberta** (*3. Praticar invenção e inovação dinâmicas*). A Amazon.com usa a internet para criar valor real para seus clientes e, ao fazer isso, espera criar uma empresa duradoura, mesmo em mercados grandes e já consolidados.

Temos uma janela de oportunidade enquanto empresas maiores organizam seus recursos para abraçar esse mundo on-line, e os clientes, ainda não acostumados a fazer compras virtuais, estão abertos a formar novas relações. O cenário competitivo continua se desenvolvendo em ritmo acelerado. Muitas empresas grandes entraram no comércio on-line com ofertas confiáveis e dedicaram energia e recursos substanciais a gerar conscientização, tráfego e vendas. Nosso objetivo é avançar com rapidez para consolidar e **am-**

pliar nossa posição atual (*2. Apostar em grandes ideias*) ao mesmo tempo que começamos a buscar oportunidades de negócios on-line em outras áreas. Vemos oportunidades substanciais nos grandes mercados que temos em mira. Essa estratégia não é desprovida de riscos; ela exige altos investimentos e uma implementação precisa para fazer frente a líderes já consolidados.

É tudo uma questão de longo prazo

Acreditamos que uma medida fundamental do nosso sucesso será o valor que criarmos para os acionistas no **longo prazo** (*5. Aplicar um pensamento de longo prazo*). Esse valor será um resultado direto da nossa capacidade de ampliar e consolidar nossa atual posição de liderança de mercado. Quanto mais forte nossa liderança de mercado, mais poderoso será nosso modelo econômico. A liderança de mercado pode se traduzir de forma direta em receitas mais elevadas, maior rentabilidade, giro de capital mais rápido e, consequentemente, maiores retornos sobre o capital investido.

Nossas decisões vêm refletindo esse foco consistentemente. Primeiro, **medimos** (*13. Medir o que importa, questionar o que é medido e confiar na própria intuição*) nosso desempenho nos termos das métricas que melhor indicam nossa liderança de mercado: o crescimento da base de clientes e das receitas, o grau em que nossos clientes continuam comprando de nós de modo recorrente e a força da nossa marca. **Já investimos e vamos continuar investindo pesado para expandir e alavancar nossa base de clientes, nossa marca e infraestrutura** à medida que **estabelecemos uma empresa duradoura** (*6. Compreender seu* flywheel *– ou círculo virtuoso*).

Por conta de nossa ênfase no longo prazo, é possível que a forma como tomamos decisões e ponderamos as escolhas seja diferente da de algumas empresas. Assim, queremos compartilhar nossa estratégia básica de gestão e **tomada de decisões** (*7. Agilizar a tomada* *de decisões*) de modo que vocês, nossos acionistas, possam confirmar se ela está de acordo com sua filosofia de investimento:

- Manteremos o **foco incansável nos clientes** (*4. Ter obsessão pelo cliente*).
- Continuaremos a tomar decisões de investimento com vistas à liderança de mercado no longo prazo, e não na rentabilidade a curto prazo ou nas reações imediatas de Wall Street.
- Continuaremos medindo nossos programas e a efetividade de nossos investimentos de forma analítica para descartar aqueles que não geram retornos aceitáveis e intensificá-los naquilo que funciona melhor. Continuaremos aprendendo **tanto com nossos sucessos quanto com nossos fracassos** (*1. Incentivar o "fracasso bem-sucedido"*).
- Tomaremos decisões de investimento arrojadas quando enxergarmos uma probabilidade suficiente de conquistar vantagens na liderança de mercado. Alguns desses investimentos trarão bons resultados, ao passo que outros, não; seja como for, conseguiremos extrair valiosas lições.
- Se formos obrigados a escolher entre otimizar a aparência de nossos relatórios contábeis e maximizar o valor presente de fluxos de caixa futuros, ficaremos com os fluxos de caixa.
- Compartilharemos nosso raciocínio estratégico quando fizermos escolhas audaciosas (na medida em que as pressões competitivas permitam), de forma que vocês consigam avaliar por si mesmos se estamos fazendo investimentos racionais de longo prazo em termos de liderança.
- Trabalharemos arduamente para que nossos gastos sejam criteriosos e nossa cultura se mantenha enxuta. Entendemos a importância de reforçar sempre uma cultura consciente em termos de custos, em especial num negócio que incorre em prejuízos líquidos.

- Equilibraremos o foco no crescimento com a ênfase na rentabilidade a longo prazo e na gestão de capital. Neste estágio, escolhemos priorizar o crescimento porque acreditamos que a escala é fundamental para atingir o potencial de nosso modelo de negócios.

- Continuaremos dedicados a contratar e reter funcionários versáteis e talentosos, além de continuar adotando uma política de remuneração que privilegia opções de ações em oposição à remuneração monetária imediata. Sabemos que nosso sucesso depende em grande medida de nossa capacidade de atrair e reter uma base de funcionários motivados, sendo que cada um deles precisa pensar como – e efetivamente **ser** – **dono** do negócio (*10. Promover a atitude de dono*).

Não somos arrogantes a ponto de afirmar que essa é a filosofia "certa" de investimento, mas é a nossa, e seríamos descuidados se não deixássemos clara a estratégia que adotamos e continuaremos a adotar.

Partindo dessa base, gostaríamos de passar a uma revisão do nosso foco de negócios, os progressos feitos em 1997 e nossa perspectiva para o futuro.

Obsessão pelo cliente

Desde o início, nosso foco tem sido oferecer maior valor aos clientes. Percebemos que a Web era, e ainda é, uma "World Wide Wait". Portanto, nossa intenção é oferecer aos clientes algo que eles não conseguiam obter de outra forma e passamos a lhes ofertar livros. Garantimos um catálogo muito maior do que seria possível numa loja física (hoje, nossa loja ocuparia 6 campos de futebol) e o apresentamos **num formato em que as consultas sejam práticas e fáceis** (*8. Simplificar o que é complexo*), numa loja aberta **365 dias por ano, 24 horas por dia** (*9. Acelerar o tempo por meio da tecnologia*).

Continuamos obstinados em aprimorar a experiência de compra e, em 1997, melhoramos substancialmente nossa loja. Agora oferecemos aos clientes vales-presente, compras com 1-Clique e uma vasta quantidade de avaliações, conteúdo, opções de navegação e recomendações. Reduzimos drasticamente os preços, aumentando ainda mais o valor para os clientes. O boca a boca continua sendo a ferramenta mais poderosa para atrair novos consumidores, e somos gratos pela confiança que os clientes vêm depositando em nossa empresa. As compras recorrentes e o boca a boca, combinados, foram fundamentais para levar a Amazon.com à liderança de mercado na venda on-line de livros.

Em diversos aspectos, a Amazon.com avançou muito em 1997:

- As vendas passaram de 15,7 milhões de dólares, em 1996, para 147,8 milhões de dólares – um aumento de 838%.
- O número acumulado de clientes cresceu de 180 mil para 1,51 milhão – um aumento de 738%.
- O percentual de pedidos de clientes recorrentes cresceu de mais de 46% no quarto trimestre de 1996 para mais de 58% no mesmo período de 1997.
- Em termos de alcance de audiência, pelos parâmetros da Media Metrix, nosso site saiu da 90ª posição do ranking e está entre os 20 melhores colocados.
- Estabelecemos relações de longo prazo com importantes parceiros estratégicos, incluindo America Online, Yahoo!, Excite, Netscape, GeoCities, AltaVista, @Home e Prodigy.

Infraestrutura

Em 1997, trabalhamos arduamente para expandir nossa infraestrutura de negócios de modo a apoiar esse aumento expressivo no tráfego, nas vendas e nos níveis de serviço:

- A base de funcionários da Amazon.com cresceu de 158 para 614 pessoas e reforçamos de forma significativa nossa equipe gerencial.
- A capacidade dos centros de distribuição cresceu de menos de 5 mil para cerca de 26.500 metros quadrados, incluindo uma expansão de 70% nas instalações de Seattle e a inauguração, em novembro, de nosso segundo centro de distribuição, em Delaware.
- Os estoques alcançaram a marca de mais de 200 mil títulos no fim do ano, nos permitindo melhorar a disponibilidade para nossos clientes.
- Nosso saldo de caixa e aplicações financeiras no fim do ano foi de 125 milhões de dólares, graças à nossa primeira oferta pública de ações em maio de 1997 e a um empréstimo de 75 milhões de dólares, garantindo uma flexibilidade estratégica substancial.

Nossos funcionários

O sucesso do ano passado é resultado do trabalho de um grupo talentoso, inteligente e empenhado, e tenho muito orgulho de fazer parte dessa equipe. **Adotar padrões elevados** (*12. Focar em padrões de excelência*) em nossa estratégia de contratação tem sido – e continuará sendo – o elemento mais importante para o sucesso da Amazon.com.

Não é fácil trabalhar aqui (sempre que entrevisto alguém, falo o seguinte: "Alguns trabalhos exigem longas jornadas, outros exigem intensidade e há aqueles que exigem muito em termos intelectuais, só que na Amazon não dá para escolher apenas duas dessas três opções"), mas estamos empenhados em **construir algo importante, algo que faça a diferença** (*11. Manter uma cultura própria*) para nossos clientes e sobre o qual possamos contar para nossos netos no futuro. Não é uma tarefa fácil. Somos incrivelmente privilegiados por dispor desse grupo de funcionários dedicados e apaixonados, que se sacrificam para construir a Amazon.com.

Objetivos para 1998

Ainda estamos aprendendo a gerar mais valor para nossos clientes com a comercialização via internet. Nosso objetivo continua sendo consolidar e ampliar nossa marca e nossa base de clientes. Isso exige investimentos duradouros em sistemas e infraestrutura para garantir um nível excelente de conveniência ao consumidor, seleção e serviço à medida que crescemos. Temos planos de acrescentar a música à nossa oferta de produtos e, com o tempo, acreditamos que outros produtos também podem configurar investimentos interessantes. Consideramos, ainda, que há oportunidades significativas para atender melhor nossos clientes no exterior, reduzindo os prazos de entrega e personalizando ainda mais a experiência de compra. Sem dúvida, nosso maior desafio está não em encontrar novas formas de expandir nosso negócio, mas em priorizar nossos investimentos.

Já sabemos muito mais sobre comércio on-line do que quando a Amazon.com foi fundada, mas ainda temos muito a aprender. Embora sejamos otimistas, precisamos continuar atentos, mantendo o senso de urgência. São muitos os desafios e obstáculos que enfrentaremos para concretizar nossa visão de longo prazo para a Amazon: concorrência agressiva, competente e com vastos recursos financeiros; desafios consideráveis para o crescimento e riscos de execução; riscos atrelados à expansão geográfica e de produtos; e a necessidade de investimentos vultosos e contínuos para fazer frente à oportunidade de um mercado em expansão. Contudo, como já dissemos, a venda de livros on-line e o comércio on-line de modo geral devem se mostrar um mercado enorme, e é provável que muitas empresas venham a ter benefícios consideráveis. Ficamos felizes com o que já fizemos e estamos muito mais entusiasmados com o que ainda queremos fazer.

O ano de 1997 foi mesmo incrível. Nós, da Amazon, somos gratos a nossos clientes pela parceria e confiança, a nossos colaboradores pela dedicação e a nossos acionistas pelo apoio e incentivo.

JEFFREY P. BEZOS
Fundador e CEO
Amazon.com, Inc.

Ciclo de crescimento: Testar

Incentivar o "fracasso bem-sucedido"

Apostar em grandes ideias

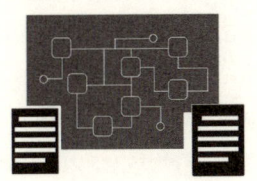

Praticar invenção e inovação dinâmicas

Na Amazon, testar é um estilo de vida: todos os membros da equipe são incentivados a testar coisas novas para melhorar o funcionamento da empresa. Se algo não dá certo, ninguém é punido – os funcionários são estimulados a examinar o que não funcionou e *aprender* com isso.

Quando algo dá certo e tem grande potencial, a Amazon aposta pesado. Todas as pessoas, em todos os níveis, recebem as ferramentas necessárias para serem inventivas. O incentivo aos testes faz da Amazon uma organização extremamente criativa.

Contudo, por definição, quem testa corre o risco de falhar. A maioria das empresas enxerga as falhas como um risco a ser evitado. Bezos pensa exatamente o contrário.

Princípio 1:
Incentivar o "fracasso bem-sucedido"

> Contabilizei fracassos na Amazon.com na ordem dos bilhões de dólares. Literalmente bilhões de dólares. Quem se lembra da Pets.com ou da Kosmo.com? Foi como fazer um tratamento de canal sem anestesia. E não é nada divertido. **Mas também pouco importa.**
>
> – Conferência IGNITION de 2014, do site Business Insider[5]

Por que Bezos diria que pouco importa queimar bilhões de dólares?

A resposta, na verdade, é a forma como ele chegou a esses bilhões de dólares, *para começo de conversa*.

Jeff Bezos percebeu desde muito cedo que, se não assumisse riscos, investisse em riscos e criasse intencionalmente oportunidades para "fracassar", não conseguiria crescer nem pensar grande o bastante.

Infelizmente, a maioria das pessoas (e das empresas) encara o fracasso como algo a ser evitado a qualquer custo. No entanto, você nunca será capaz de crescer como a Amazon se não estiver disposto a correr o risco de fracassar.

Ora, se o fracasso nem sempre é algo negativo, o que o torna "bem-sucedido"?

De forma resumida, um fracasso bem-sucedido é aquele em que você *aprende* com ele e aplica o que aprendeu – e isso faz toda a diferença.

Risco e espaço

Acredito que Jeff Bezos já refletia sobre a questão do risco desde que era criança, quando se apaixonou pelo espaço sideral. De início, pode parecer que isso não tem nada a ver com a forma como a Amazon cresceu, mas explica um pouco quem ele é e por que pensa da forma como pensa.

Bezos nasceu em 1964, no início da exploração espacial americana. Em seu discurso como orador da turma na formatura do ensino médio, ele falou sobre viagem e exploração espacial, e desde então tem se mostrado obcecado pelo espaço. (Mais adiante, falaremos em detalhes sobre essa conexão.)

Dois episódios que ocorreram no programa Apollo, da Nasa, na época em que Bezos era criança, demonstram bem o conceito de fracasso e de "fracasso bem-sucedido". A meu ver, as lições extraídas desses dois acontecimentos representam melhor do que qualquer outra coisa a maneira como Bezos encara o risco.

Comecemos pelos primórdios da Nasa.

No início da década de 1960, a Nasa criou os projetos Mercury, Gemini e Apollo com o objetivo final de levar o homem à Lua e trazê-lo de volta à Terra em segurança.

Entretanto, a primeira tentativa, a missão Apollo 1, acabou numa terrível tragédia.

Em 27 de janeiro de 1967, houve um incêndio durante uma simulação de lançamento em Cabo Canaveral. O fogo se alastrou pelo módulo de comando, matando o comandante Virgil "Gus"

Grissom, Ed White e Roger Chaffee. Imediatamente após o incêndio, a Nasa convocou um Conselho de Revisão de Acidentes para determinar as causas do ocorrido. Descobriram que a origem do incêndio tinha sido uma pane elétrica e que o fogo tinha se espalhado tão rápido por causa do uso de nylon, um material muito inflamável, e pela alta pressão na cabine repleta de oxigênio puro.

Não foi possível resgatar os astronautas porque a escotilha não pôde ser aberta, justamente devido à elevada pressão no interior da cabine. Além disso, como o foguete não estava abastecido, a simulação não era considerada "arriscada". O resgate também foi prejudicado porque a equipe não estava bem preparada para situações de emergência.

Mais tarde, concluiu-se que os astronautas morreram por asfixia quando o módulo foi tomado por gás tóxico, fumaça e fogo.

O mundo inteiro ficou em choque.

Embora a Nasa e todos os astronautas soubessem muito bem dos riscos envolvidos numa tentativa inédita como aquela, sempre surgiam as perguntas "E se...". Muita gente ficou se perguntando se a missão de tentar pisar na Lua teria chegado ao fim. O preço a pagar parecia alto demais.

O desastre da missão Apollo 1 abalou a Nasa profundamente.

No documentário *Mission Control: The Unsung Heroes of Apollo*, a terrível tragédia foi contada em detalhes. Chris Kraft era diretor de operações de voo e Gene Kranz era diretor de voos.

Na manhã da segunda-feira após a tragédia, Kranz convocou uma reunião da equipe de controle de voo, inclusive funcionários civis, controladores e construtores de espaçonaves. Estavam todos estarrecidos, à procura de respostas.

A reunião começou com um retrospecto do que já se sabia sobre o acidente, depois foram apresentados o recém-nomeado Conselho de Revisão e a equipe de investigação liderada por Floyd Thompson, diretor do Centro de Pesquisa Langley.

Mais tarde ele diria que todos eram responsáveis por matar a tripulação, que não tinham feito seu trabalho.

Kranz contou que, passado o choque, sentiu muita raiva – raiva porque, de certa forma, o Controle de Voo havia falhado com a tripulação.

Então deu início a uma fala que ficou conhecida como "o discurso de Kranz":[6]

As viagens espaciais nunca vão tolerar descuido, incompetência e negligência. Em algum lugar, de alguma forma, nós estragamos tudo. Pode ter sido algo no projeto, na construção ou no teste. O que quer que tenha sido, deveríamos ter detectado o problema.

Estávamos tão preocupados com o cronograma que deixamos de lado os problemas que víamos a cada dia de trabalho. Todos os elementos do programa apresentavam algum defeito, e nós estamos encrencados. Os simuladores não estavam funcionando, o Centro de Controle da Missão estava atrasado em praticamente todas as áreas e os procedimentos de voo e teste mudavam diariamente. Nada do que fazíamos parava de pé. Nenhum de nós reagiu e disse: "Parem tudo agora!"

Não sei o que o comitê de Thompson apontará como causa do acidente, mas tenho a minha opinião. Nós somos a causa! Não estávamos prontos! Não fizemos o nosso trabalho!

Estávamos lançando os dados, torcendo para que as coisas ficassem em ordem para o dia do lançamento, quando no fundo sabíamos que seria necessário um milagre. Estávamos empurrando o cronograma para a frente, apostando que a equipe em Cabo Canaveral falharia antes de nós.

Deste dia em diante, o Controle de Voo será conhecido por duas palavras: *rigoroso* e *competente*.

Rigoroso porque seremos sempre responsáveis pelo que fizermos ou deixarmos de fazer. Nunca mais faremos concessões às nossas responsabilidades. Toda vez que entrarmos no Centro de Controle da Missão, saberemos o nosso objetivo.

Competente porque nunca negligenciaremos nada. Nunca seremos limitados em nossos conhecimentos e em nossas habilidades. O Centro de Controle da Missão será perfeito.

Ao saírem desta reunião hoje, vocês irão aos seus escritórios e a primeira coisa que farão é escrever "Rigoroso e competente" na lousa. Isso nunca deverá ser apagado. Todos os dias, quando entrarem na sala, essas palavras servirão de lembrete do preço que Grissom, White e Chaffee pagaram. Essas palavras são o preço que vocês deverão pagar para serem admitidos no Centro de Controle da Missão.

Ed Fendell, responsável pela comunicação interna no Centro de Controle da Missão, deu a seguinte declaração:

Creio que isso [a tragédia] transformou completamente nossa postura em relação a quem éramos, ao que fazíamos e a como progredíamos rumo ao futuro dos voos espaciais.

E Chris Kraft afirmou:

Minha opinião, e de muitos outros também, é que, se isso não tivesse acontecido, nunca teríamos chegado à Lua. O período que se seguiu ao incêndio foi o que salvou nossa pele, porque pudemos recuar e dizer: "O que dá errado aqui? O que precisamos fazer para consertar?" Isso acabou unindo toda a Nasa, de cima a baixo.

Se isso tudo não tivesse acontecido, nunca teríamos chegado lá [à Lua].[7]

Um salto gigantesco para a humanidade

Não houve nenhum voo tripulado nos vinte meses que se seguiram ao incêndio. A partir das lições extraídas da tragédia com a *Apollo 1*, a Nasa empreendeu um enorme esforço para tornar os voos espaciais mais seguros.

Os voos só foram retomados em outubro de 1968, com as missões Apollo 7, em que o novo módulo de comando foi testado, e Apollo 8, em que o módulo lunar fez um voo em órbita da Lua.

Em 20 de julho de 1969, os astronautas Neil Armstrong e Buzz Aldrin comandaram a *Apollo 11* e foram os primeiros homens da história a realizar o feito de pisar na Lua.

"Houston, temos um problema..."

O programa Apollo foi progredindo, mas os riscos continuavam presentes. No entanto, o que aconteceu em resposta a esses riscos mudou significativamente.

Depois que a *Apollo 12* pousou com sucesso na Lua, em novembro de 1969, as coisas na Nasa aparentemente voltaram à "rotina". Para o público americano, ir ao espaço e pousar na Lua já não eram mais os acontecimentos extraordinários de poucos meses antes.

Em abril de 1970, pouco mais de dois dias depois de ser lançada, a *Apollo 13* foi palco de uma catástrofe inesperada. A missão era comandada por Jim Lovell. O veículo era composto de duas espaçonaves independentes, ligadas por um túnel: uma das unidades era a *Odyssey* (o módulo de comando, localizado acima do módulo de serviço, pilotado por Jack Swigert) e a outra era *Eagle* (LEM – Lunar Excursion Module, o módulo lunar, pilotado por Fred Haise).

Durante um procedimento de rotina, o tanque de oxigênio

número 2 explodiu, inutilizando o módulo de serviço, que garantia a sobrevivência da tripulação. Os astronautas notificaram o Centro de Controle da Missão com a frase que ficou famosa: "Houston, temos um problema..."

A vida deles estava em perigo.

Com isso, a missão de pousar na Lua acabou sendo abortada, e o novo objetivo passou a ser fazer com que os astronautas voltassem para casa *com vida*.

Os três abandonaram o módulo de comando e foram para o pequeno módulo lunar com o propósito de poupar energia e oxigênio enquanto a Nasa trabalhava no Centro de Controle da Missão para elaborar um plano. Em parte devido às lições aprendidas com a tragédia da *Apollo 1*, eles encontraram um jeito de trazer os astronautas de volta.

O diretor de voos Gene Kranz (o mesmo que estava na equipe quando ocorreu a tragédia com a *Apollo 1*) coordenou esse processo extremamente difícil e arriscado.

Evidente que os recursos no espaço eram limitados. Eles precisaram se virar com o que tinham, mas usando tudo de forma *diferente* da planejada. A Nasa conseguiu responder com rapidez, encontrando soluções criativas, com base no que já tinham aprendido com o desastre da *Apollo 1*.

Após três dias de apreensão, com a Nasa, os fabricantes e outros profissionais numa corrida contra o relógio, Lovell, Haise e Swigert retornaram a salvo para a Terra em 17 de abril.

No livro *Lost Moon*, Jim Lovell conta que, quando a cápsula da *Apollo 13* fez o pouso no oceano e os astronautas viram a água do lado de fora das escotilhas, ele decretou o fim da missão: "Companheiros, estamos em casa."

Mas o que chamou minha atenção nessa história extraordinária foi o seguinte: no final do excelente filme *Apollo 13*, de Ron Howard, Jim Lovell (interpretado por Tom Hanks) desembarca do helicóptero de resgate no deque do navio *USS Iwo Jima* depois de ter sido tirado do oceano Pacífico.

Ele faz seus comentários finais e diz que a missão Apollo 13 ficaria conhecida como o "fracasso mais bem-sucedido" da Nasa. Nas palavras dele:

> Nossa missão foi chamada de um *fracasso bem-sucedido* porque retornamos a salvo, mas nunca chegamos à Lua. Nos meses seguintes, chegou-se à conclusão de que uma bobina danificada dentro do tanque de oxigênio tinha criado uma fagulha, causando a explosão que estragou a *Odyssey*. Foi um defeito pequeno, que ocorreu dois anos antes de eu ser nomeado comandante do voo...
>
> Quanto a mim, os sete extraordinários dias da *Apollo 13* foram meus últimos dias no espaço. Do Centro de Controle da Missão e de nossa casa em Houston, vi outros homens pisarem na Lua e retornarem em segurança. Às vezes me pego olhando para a Lua, lembrando dos reveses de nossa longa viagem, e penso nos milhares de pessoas que trabalharam para trazer nós três de volta para casa. Observo a Lua e penso: quando será que vamos voltar, e quem será que vai voltar?

~

Jeff Bezos *adora* o espaço. Será que ele gostaria de ser uma dessas pessoas a voltar?

A resposta é sim, e é inegável que ele aplica o mesmo princípio de "fracasso bem-sucedido" à sua estratégia de negócios.

O risco não é algo a ser menosprezado, e Bezos sabe muito bem disso. Como na Nasa, há sérios riscos em muitas situações. Porém, é no processo de falhar e aprender com o fracasso que acontecem os aprendizados mais profundos.

A partir do que escreveu nas *Cartas aos acionistas* e em outros lugares, vemos que Bezos acredita no conceito de "fracasso bem-

-sucedido". O processo de aprendizado é tão importante que ele incorpora o fracasso *intencionalmente* a seu modelo de negócios. Se ele tenta alguma coisa e dá certo, ótimo. Mas, se não dá, ele busca não apenas uma forma de fazer dar certo, como também de fazer valer a pena.

Em dezembro de 2014, numa entrevista para Henry Blodget, cofundador e editor do site Business Insider, Bezos falou sobre o papel do fracasso na Amazon:

> Uma das minhas funções é incentivar as pessoas a serem ousadas. Isso é muito difícil. Experimentos são, por sua própria natureza, suscetíveis a fracassos. Poucos grandes sucessos compensam dezenas e dezenas de coisas que não deram certo.[8]

Em outras palavras, ele incorpora a "experimentação" em seu modelo de negócios, sabendo desde o início que muita coisa não vai funcionar. Bezos também acredita que o risco e o fracasso são essenciais para o crescimento de qualquer empresa. Em suas palavras:

> O que realmente importa é que empresas que não continuam experimentando, que não abraçam o fracasso, podem acabar numa posição desfavorável, quando a única saída é uma aposta desesperada no finzinho de sua existência corporativa. Enquanto isso, as que se sobressaem são as empresas que fazem apostas desde o começo, até mesmo apostas grandes, mas não daquelas que põem em jogo a própria empresa. Não acredito nesse tipo de aposta. Isso só acontece no desespero. É a última coisa a se fazer.
> – Conferência IGNITION de 2014, do site Business Insider

Muitas empresas só sobrevivem quando tudo está indo bem. Se alguma coisa sai dos eixos, o fluxo de caixa fica comprometido, o dinheiro encurta e é preciso fazer sacrifícios. Em alguns casos, só de passar por um "contratempo", certas empresas já se veem fora do jogo.

Vale reforçar que a Amazon incorpora o "fracasso" em seus orçamentos para ter a flexibilidade de alocar recursos a muitas iniciativas que eles sabem que não vão dar certo. Não é apenas que os poucos sucessos vão superar os múltiplos fracassos – a Amazon consegue aprender com os próprios fracassos para garantir o surgimento de alguns sucessos.

O departamento de P&D – Pesquisa e Desenvolvimento – é basicamente a empresa toda, formado por todo mundo que trabalha para a Amazon, inclusive Jeff Bezos.

Os fracassos mais bem-sucedidos da Amazon

A Amazon perdeu muito dinheiro em dois fracassos sucessivos (que acabaram se provando bem-sucedidos).

O primeiro deles foi a tentativa de competir com o eBay, em 1999.

Batizada de Amazon Auctions, ou Leilões Amazon, a iniciativa foi lançada para rivalizar com a plataforma eBay, apesar de contar com muitas melhorias. De fato, ela atraiu muitos vendedores e compradores, mas, no fim, não conseguiu competir com o eBay. O próprio Bezos, na entrevista a Blodget, admitiu que a iniciativa "não deu muito certo".

Embora muitos fatores tenham contribuído para esse fracasso, uma hipótese amplamente aceita é a de que os clientes não se sentiam confortáveis para dar lances em produtos comercializados pela Amazon. Quando compravam no site, eles esperavam escolher um produto e pagar um preço fixo e baixo. A garantia de preço era um fator importante para os clientes da Amazon.

As pessoas que usavam o eBay, por sua vez, tinham outra mentalidade de compra. Estavam dispostas a dar lances em determinados itens, em especial itens únicos, mesmo correndo o risco de perder o negócio. Os clientes estavam acostumados a *dar lances* no eBay e a *comprar* na Amazon, e não foram capazes de mudar sua mentalidade e se adaptar a um tipo diferente de compra pela Amazon.

Assim, como um "tratamento de canal sem anestesia", o Amazon Auctions fracassou.

A empresa abandonou o modelo de leilões e migrou para outro experimento, chamado zShops, seu segundo fracasso. Era uma tentativa criativa de permitir que vendedores independentes usassem a ampla plataforma da Amazon, que só crescia. O risco era grande: permitir que terceiros vendessem na "loja" da Amazon.

Com a zShops, eles podiam listar seus produtos usando uma única página inicial no site da Amazon, com login e mecanismo de busca separados. Eles pagavam uma pequena taxa para usar a plataforma da empresa.

Os clientes não gostaram dos passos adicionais para acessar o novo serviço, e a zShops fracassou. No entanto, mesmo com o fim da zShops, a ideia de permitir que terceiros vendessem através do site da Amazon acabou sobrevivendo – e trazendo à empresa *bilhões* de dólares –, dando origem ao Amazon Marketplace.

Um fracasso de 178 milhões de dólares

Do ponto de vista financeiro, o maior fracasso da Amazon foi o Fire Phone, que causou um prejuízo de 178 milhões de dólares em um ano – sendo 170 milhões *num único trimestre fiscal*.

Assim que foi lançado, o Fire Phone custava 649 dólares, num acordo exclusivo com a AT&T, apenas para os clientes dessa operadora. Ele era chamado de "máquina de comprar", porque realmente tinha sido projetado para ajudar as pessoas a comprar pela Amazon de onde quer que estivessem.

O telefone foi apresentado por Jeff Bezos pela primeira vez em junho de 2014. Tinha boas especificações para a época, como múltiplas câmeras em torno da tela que criavam uma espécie de ilusão tridimensional. Mas essa característica de "perspectiva dinâmica" parecia não passar de uma engenhoca tecnológica. O prejuízo de 178 milhões foi um claro sinal de que as vendas foram muito fracas.

A Amazon chegou a tentar impulsionar as vendas, acrescentando, em setembro de 2014, uma opção de contrato com a operadora em que baixavam o valor para 99 centavos. Em outubro, baixaram o valor do aparelho para 199 dólares na modalidade pré-pago.

A decepção contínua com as vendas refletia o problema principal: ninguém queria o telefone e ninguém o comprou.

Ainda em outubro de 2014, num artigo para a revista *Fortune*, David Limp, vice-presidente sênior de dispositivos e serviços da Amazon, reconheceu que a empresa falhou na precificação do telefone. Segundo o mesmo artigo, o Fire Phone só conseguiu alcançar uma pontuação de duas estrelas nas avaliações do próprio site da Amazon.

Essa foi uma das grandes apostas da empresa que acabaram fracassando. E custou caro.

Num dos formulários enviados à Comissão de Valores Mobiliários dos Estados Unidos (SEC, na sigla em inglês), a Amazon declarou: "Nós registramos baixas contábeis relativas à avaliação dos estoques do Fire Phone e às obrigações com fornecedores que chegam a quase 170 milhões de dólares, verificadas durante o terceiro trimestre de 2014."

A posição oficial da Amazon quanto ao Fire Phone é que quebrar a cara de vez em quando é normal (ou seja, o "fracasso bem--sucedido" faz parte do jogo).

Por que exatamente esse foi um fracasso bem-sucedido?

A equipe que criou o Fire Phone reuniu tudo que havia aprendido com essa experiência e aplicou na criação do hardware Echo e na Alexa, alcançando *bilhões* de dólares em receita.

O fracasso bem-sucedido como mentalidade para o sucesso

Para que fique claro, fracasso não tem nada a ver com incompetência ou preguiça. A Amazon, por exemplo, tem "intolerância a incompetência". Na empresa, o fracasso é esperado quando novas ideias ou novos caminhos são testados. Mas, por lá, todos precisam dar seu melhor e não se tolera nada menos que isso.

O que esperar de uma equipe competente, de mais de 600 mil pessoas, e de um ambiente que estimula a experimentação de novas ideias sem medo?

Sob o comando de Jeff Bezos, a Amazon pode ser a primeira empresa privada a chegar à Lua.

PROPOSTA

Incentivar o "fracasso bem-sucedido"

P: Faça um inventário na sua empresa em relação à "tolerância ao fracasso". Como a sua organização lida com o fracasso?

P: Quando foi a última vez que você usou um fracasso como "estudo de caso" para melhorar seu negócio?

P: O que você pode fazer dentro da sua empresa para mostrar que o fracasso é uma oportunidade para aprender e melhorar?

Princípio 2:
Apostar em grandes ideias

Depois de duas décadas assumindo riscos e trabalhando em equipe – com a generosa ajuda da sorte ao longo de todo o caminho –, estabelecemos ótimas parcerias com três companhias que acredito que sejam para a vida toda: Marketplace, Prime e AWS. Todas essas iniciativas foram a princípio *apostas ousadas*, e muita gente sensata teve – muito! – medo de que pudessem não dar certo. Mas, a esta altura, já ficou claro que são companhias especiais e que somos sortudos por poder contar com elas.

– Bezos, carta de 2014

O Marketplace da Amazon foi lançado em novembro de 2000 e teve uma ascensão meteórica. O percentual de vendas pelo Marketplace subiu de 3% em 1999 para 58% em 2018. Depois de falhar na tentativa de permitir vendas de terceiros, com a zShops, o que terá transformado essa nova iniciativa num sucesso?

A grande diferença é que os itens de vendedores independentes aparecem *na mesma página* que os itens da Amazon, no mesmo resultado da busca por um produto – ao contrário da zShops, que criava uma nova listagem para cada vendedor. Essa mudança simples fez com que as transações com terceiros fossem uma experiência muito mais fácil, do começo ao fim. O cliente não precisava mais ir a uma página diferente para comparar preços de um mesmo produto.

Com o Marketplace, os clientes passaram a ter escolha: podiam comprar o item diretamente da Amazon ou de um terceiro. Se outro vendedor tivesse um preço menor ou o estoque da Amazon estivesse zerado, ela perdia a venda. Isso permitiu que qualquer vendedor tivesse acesso aos milhões de clientes diários da Amazon.

Com um design inteligente, a Amazon ganhava uma pequena comissão desses terceiros que participavam do programa (mesmo que a empresa perdesse a venda). Os vendedores independentes ficavam felizes em pagar a comissão para usar a plataforma da Amazon e a Amazon ficava feliz em receber.

Funcionou. Hoje, o Marketplace da Amazon abriga milhares de vendedores individuais e também grandes empresas que comercializam seus produtos através da Amazon.com.

Mas não é qualquer um que pode vender no Marketplace. Todos os vendedores precisam atender aos rigorosos padrões da Amazon.

A Amazon é *obcecada* pela experiência do cliente. E se você quer ser um vendedor no Marketplace dela, precisa ser também, porque a empresa protege seus clientes a qualquer custo. Isso faz com que os consumidores se sintam confortáveis em comprar de terceiros no Marketplace e protege o posicionamento da empresa, conquistado a duras penas.

Não é de surpreender que, quando a ideia dos terceiros foi concebida, muitos dentro da Amazon torceram o nariz. Por que a empresa entregaria de mão beijada aos concorrentes sua valiosa plataforma?

Mas aí é que está o golpe de mestre. Os vendedores no Marketplace pagam uma taxa para terem acesso à base de clientes e à infraestrutura de logística da Amazon. Em média, eles pagam cerca de 15% sobre *cada item vendido*. Com mais da metade dos itens vendidos no site vindo de terceiros, esse percentual representa um valor muito significativo.

O Marketplace foi lançado em 1999 e, já no fim de 2001, os pedidos feitos pela ferramenta chegaram a 6% do total dos pedidos domésticos, "superando em muito as nossas expectativas quando lançamos o Marketplace", segundo Bezos.

Em 2018, 58% dos itens vendidos na Amazon em todo o mundo foram de terceiros, gerando bilhões de dólares em receita.

É inegável que o Amazon Auctions e a zShops foram "fracassos bem-sucedidos" que valeram a pena.

Apostar no frete grátis: Super Saver Shipping e Amazon Prime

Em 2002, a Amazon teve uma ideia louca que poderia mudar para sempre a forma como as pessoas compravam.

Oito anos depois de criar a Amazon na garagem de casa, Bezos se deu conta de que um dos maiores obstáculos para as pessoas comprarem on-line eram as despesas com frete.

As compras on-line ofereciam muita conveniência aos consumidores. Além disso, ajudavam as empresas a reduzir as despesas gerais, pois podiam instalar seus depósitos em áreas rurais, onde os custos com imóveis e operações eram relativamente mais baixos. Os clientes precisavam receber os itens que compravam, mas o frete era caro, e pagar por isso também representava uma barreira psicológica.

Com uma política generosa de devolução e uso de imagens, a Amazon já tinha conseguido superar o fato de os clientes não poderem "tocar e sentir" os produtos. A facilidade de comprar pelo site fazia com que a experiência fosse mais conveniente do que precisar dirigir até uma loja física.

Contudo, as despesas com frete ainda eram uma ducha de água fria para muitos clientes, que continuavam recorrendo a shoppings e lojas de departamentos locais. Até quando eram baixas, as despesas com frete faziam muita gente desistir de comprar on-line.

Bezos e sua equipe tiveram uma ideia para vencer essa objeção: oferecer frete grátis para qualquer pedido acima de 25 dólares – uma aposta alta para a Amazon. O frete não era barato. Tampouco era um custo que a empresa pudesse controlar. Ela precisava pagar transportadoras como FedEx, UPS e o Serviço Postal dos Estados Unidos para entregar os produtos aos clientes. Se esses intermediários aumentassem seus preços, os custos da Amazon poderiam disparar.

A Amazon criou então o Super Saver Shipping (ou remessa econômica, o método de envio mais demorado) e exigia que o cliente fizesse uma compra de, no mínimo, 25 dólares para ajudar a limitar os riscos. Ainda assim, o investimento no frete grátis era uma aposta enorme.

Os consumidores responderam de forma muito positiva e começaram a encher seus carrinhos de produtos para ultrapassar o mínimo de 25 dólares, o que em geral fazia com que fosse preciso comprar mais de um item.

Três anos depois, o frete grátis havia se tornado tão popular que a Amazon dobrou a aposta e lançou o Amazon Prime.

A questão era: será que as pessoas pagariam antecipadamente para depois ter acesso ao "frete grátis"? Por 79 dólares ao ano, os clientes podiam se inscrever no programa Amazon Prime e receber frete grátis ilimitado, com entregas em até dois dias. Com um acréscimo de 3,99 dólares por pedido, eles receberiam a entrega em um dia.

A grande aposta no Amazon Prime deu certo – e como!

No fim de 2018, a Amazon já havia superado a incrível marca de 100 milhões de membros no programa. O preço da assinatura também subiu para 119 dólares ao ano, ou 12,99 por mês. O mais impressionante foi que os membros do Amazon Prime gastaram, em média, 1.400 dólares na loja em 2018, enquanto clientes que não eram Prime gastaram, em média, 600 dólares no mesmo período.

Quando apostou pesado no frete grátis, Bezos acreditava que isso ajudaria a Amazon a vencer um dos maiores obstáculos para os clientes: as despesas com frete. Quando ele ofereceu o frete de dois dias com o Amazon Prime, a ideia era que o frete grátis ficasse ainda mais conveniente. De início, a investida no Amazon Prime foi bastante arriscada, e as coisas nem sempre foram um mar de rosas.

Eis um fato estarrecedor: só em 2018, a Amazon gastou 27,7 *bilhões* de dólares com despesas de frete.

Hoje, o Amazon Prime é um dos carros-chefes da empresa e vem sendo ampliado para incluir outros 35 benefícios, como o serviço de streaming de vídeo, além de gerar bilhões de dólares em receita com as taxas de assinatura e as compras feitas pelos membros do programa.

Na carta de 2014, Bezos comentou sobre o Amazon Prime e a aposta no frete grátis:

> Dez anos atrás, lançamos o Amazon Prime, e a ideia inicial era ser um programa de preço fixo oferecendo frete gratuito e rápido. Fomos alertados diversas vezes de que era uma jogada arriscada – e em certo sentido de fato era. No primeiro ano, deixamos de receber milhões de dólares em receita com frete, e não havia respaldo matemático para mostrar que a ideia valeria a pena.
>
> Nossa decisão de seguir em frente pautava-se por resultados positivos que tínhamos alcançado antes, quando criamos o Super Saver Shipping gratuito, e pela intuição de que os clientes rapidamente se dariam conta de que tinham encontrado o melhor

negócio de todos os tempos. Além disso, as pesquisas diziam que, se ganhássemos em escala, conseguiríamos baixar significativamente os custos da entrega rápida.

– Bezos, carta de 2014

Redefinir a questão do frete para os clientes foi uma aposta alta, mas que acabou trazendo um resultado muito positivo.

Apostar em potencializar a infraestrutura: Amazon Web Services (AWS)

Todos os serviços do AWS são pagos conforme a utilização e transformam radicalmente despesas de capital em custos variáveis. É um esquema self-service: não é preciso negociar um contrato ou tratar com algum vendedor – basta ler a documentação on-line e começar. Os serviços AWS são elásticos – é fácil adaptá-los para negócios grandes e pequenos.

– Bezos, carta de 2011

O frete grátis não foi a única grande ideia em que a Amazon apostou ao longo dos anos. Bezos e sua equipe continuavam acreditando que podiam transformar o mundo e levar a Amazon a novos patamares.

Bezos sempre exigiu que, para a Amazon entrar num novo mercado, era preciso que a proposta atendesse a determinados critérios e passasse por alguns testes. Em 2014, ele disse o seguinte (os tópicos são meus):

Uma oferta de negócios ideal apresenta pelo menos quatro características:

- Os clientes a adoram,

- tem potencial de alcançar um tamanho considerável,
- tem ótimo retorno de capital,
- é duradoura – com o potencial de perdurar por décadas.

– Bezos, carta de 2014

A tecnologia sempre foi a grande força da Amazon. É evidente que, num negócio on-line, esse é o elemento mais essencial. Porém, nos primeiros anos, o departamento de TI era uma despesa, não um centro de lucros.

Internamente, os guardiões da TI na Amazon representavam um gargalo que impedia os outros departamentos de crescerem na velocidade necessária. No entanto, com o rápido crescimento da Amazon, esse gargalo estava se tornando um enorme problema, algo que deixava os funcionários, e inclusive o próprio Jeff Bezos, exasperados.

Em seu livro *A loja de tudo*, Brad Stone relata o momento em que Bezos se deparou com um livro chamado *Creation*, de Steve Grand (não era sobre o livro bíblico do Gênesis, mas sobre um videogame chamado Creatures). Parece que o livro foi responsável por desencadear em Bezos e na Amazon a ideia de adotar a computação na nuvem, sugerindo que fosse estabelecida uma infraestrutura capaz de reduzir a tecnologia a elementos bem pequenos, de forma que os desenvolvedores pudessem usá-los como base e ter a flexibilidade necessária para serviços do tipo "faça você mesmo".

A partir daí teve início o processo de criar uma plataforma de desenvolvimento centralizada, que pudesse ser usada por qualquer grupo dentro da empresa. Equipes internas da Amazon precisavam de serviços de infraestrutura compartilhados, que todos pudessem acessar sem ter que reinventar a roda. Os departamentos eram diferentes entre si, mas precisavam do mesmo tipo de serviço de tecnologia. Foi exatamente isso que a Amazon se pôs a criar. E então eles começaram a perceber que talvez pudessem ter nas mãos algo muito mais significativo.

Em 2003, num retiro para executivos, os diretores da Amazon foram convidados a fazer um exercício para identificar as principais competências da empresa. Eles sabiam que podiam oferecer uma ampla seleção de produtos. Eram bons em atender e despachar os pedidos, mas, à medida que foram analisando a própria organização mais a fundo, se deram conta de que também tinham se tornado muito bons na tarefa de administrar um centro de processamento de dados confiável, escalável e eficiente em termos econômicos. Como a Amazon é um negócio de margens muito baixas, os centros de processamento de dados e os serviços criados por eles tinham que ser extremamente enxutos e eficientes.

O Amazon Web Services foi criado para fornecer computação na nuvem sob demanda para indivíduos, empresas e governos – e assim um novo negócio surgiu.

> Com o AWS, estamos criando um novo negócio com foco num novo grupo de clientes... os desenvolvedores de software. Queremos atender diversas necessidades enfrentadas universalmente pelos desenvolvedores, como capacidade de armazenamento e de computação – áreas nas quais os desenvolvedores pedem ajuda e nas quais temos ampla experiência por haver escalado a Amazon.com nos últimos 12 anos. Estamos numa boa posição para fazer isso, é algo altamente diferenciado e, com o tempo, pode ser um negócio significativo e financeiramente interessante.
> – Bezos, carta de 2006

Como isso se traduz para os clientes? Nas palavras de Bezos:

> Quando foi lançado, nove anos atrás, o Amazon Web Services era uma ideia radical. Hoje, é um negócio grande, em rápido cresci-

mento. As startups foram as primeiras a adotá-lo. Armazenamento na nuvem e recursos de informática sob demanda, pagos de acordo com a utilização, aumentaram drasticamente a velocidade para se começar um novo negócio. Empresas como Pinterest, Dropbox e Airbnb usaram os serviços AWS e são clientes até hoje.

– Bezos, carta de 2014

A grande aposta no AWS valeu a pena? O próprio Bezos responde:

Acredito que o AWS é uma dessas ofertas de negócios ideais, que podem continuar atendendo os clientes e obtendo retorno financeiro ao longo de muitos anos. Por que sou otimista? Porque é uma oportunidade imensa, que abrange gastos globais com servidores, redes, centros de processamento de dados, software de infraestrutura, bases de dados, armazéns de dados e muito mais. De maneira semelhante ao que penso sobre o varejo da Amazon, para todos os efeitos, acredito que o tamanho do mercado para o AWS seja ilimitado.

– Bezos, carta de 2014

Apostando pouco em grandes ideias

A maior lição a ser tirada da forma como a Amazon aposta em grandes ideias é que, mesmo quando uma ideia tem muito potencial, Bezos começa apostando baixo, ao menos em termos relativos.

Na questão do frete grátis, a Amazon começou testando o serviço gratuito do Super Saver Shipping para pedidos acima de 25 dólares. Quando a iniciativa foi bem-sucedida, eles apostaram um pouco mais alto, no Amazon Prime. Quanto mais essa ideia dava certo, mais a Amazon foi investindo nela, acrescentando novos serviços, como o streaming, e aumentando o valor da assinatura com o passar do tempo.

A empresa faturou *bilhões* de dólares com o Amazon Marketplace, o Amazon Prime e o Amazon Web Services. O Amazon Auctions fez a empresa perder muito dinheiro em termos reais, mas nada que não pudesse ser recuperado. Como Bezos comentou sobre o fracasso: "Não é nada divertido. Mas também pouco importa."

As próximas grandes apostas

A música "The Gambler" [O apostador], de Kenny Rogers, que estourou em 1979, dizia assim: "Você tem que saber quando segurá-las; saber quando dobrá-las; saber quando sair; e saber quando fugir."

Bezos age assim, estipulando alguns critérios para avaliar grandes apostas. Não há melhor exemplo disso do que seu modo de lidar com uma questão sobre a qual as pessoas sempre lhe perguntaram ao longo dos anos – a expansão para lojas físicas.

Antes de falar especificamente sobre o assunto, ele resumiu a estratégia de negócios da Amazon:

> Na escala atual da Amazon, plantar sementes que se transformarão em novos negócios relevantes exige alguma disciplina, um pouco de paciência e uma cultura de incentivo.
>
> Nossos negócios já estabelecidos são jovens árvores bem enraizadas. Estão crescendo, desfrutam de altos retornos sobre o capital e operam em segmentos de mercado muito amplos. Essas características estabelecem expectativas elevadas para qualquer novo negócio que possamos iniciar. Antes de investir o dinheiro de nossos acionistas num novo negócio, precisamos nos convencer de que a nova oportunidade é capaz de gerar os

retornos de capital que eles esperavam ao investir na Amazon. Precisamos também nos convencer de que o novo negócio é capaz de atingir uma escala que seja significativa no contexto da empresa como um todo.

Além disso, precisamos acreditar que a oportunidade está num ramo cujas necessidades não estão sendo bem atendidas e que temos as habilidades para levar ao mercado diferenciações relevantes, voltadas ao cliente. Sem isso, é improvável conseguir escalar esse novo negócio.

– Bezos, carta de 2006

Daí, Bezos imediatamente passou para o assunto das lojas físicas:

Sempre me perguntam: "Quando vocês vão abrir lojas físicas?" Nós resistimos a essa oportunidade de expansão. Ela só passa em um dos testes...

O tamanho potencial de uma rede de lojas físicas é animador. Contudo, não sabemos como fazer isso com pouco capital e alto retorno; o mundo do varejo físico é um negócio restrito e antigo, já bem atendido; e não fazemos ideia de como construir uma experiência de loja física para nossos clientes que seja significativamente diferenciada.

– Bezos, carta de 2006

Isso sugere que, embora muita gente acreditasse que a Amazon não tinha interesse em abrir lojas físicas, a verdade é que Bezos ainda não havia descoberto como fazer isso de maneira consistente com os critérios que ele usava para avaliar qualquer novo negócio. Assim, ele lançou mão de disciplina e paciência para evitar um risco insensato, esperando o momento certo para assumir o risco de forma inteligente.

Hoje vemos que a Amazon de fato acabou se expandindo para as lojas físicas, começando com livrarias, lojas Amazon Go e passando a incluir (depois da aquisição) a Whole Foods, um exemplo perfeito da estratégia de esperar uma oportunidade que atendesse aos critérios da empresa de assumir um pequeno risco de início e *só depois* escalar e apostar alto – uma aposta imensa, de 13,4 bilhões de dólares.

Em busca da quarta grande aposta

O Marketplace, o Prime e o Amazon Web Services são três grandes ideias. Temos sorte de contar com eles e estamos determinados a aprimorá-los e incentivá-los – tornando-os ainda melhores para os clientes. Contem também conosco para **trabalhar duro em busca de uma quarta ideia**. Já temos algumas candidatas em vista e, como prometemos cerca de vinte anos atrás, continuaremos fazendo apostas ousadas.

– Bezos, carta de 2014

PROPOSTA

Apostar em grandes ideias

P: Quando foi a última vez que você apostou numa ideia grande de verdade?

P: O que você pode fazer para incentivar sua equipe (ou até você mesmo) a querer explorar novas e grandes ideias?

P: Em qual grande ideia você estaria disposto a apostar agora?

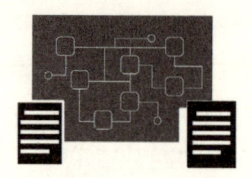

Princípio 3:
Praticar invenção e inovação dinâmicas

Uma área em que nos destacamos muito é ao lidar com o fracasso. Acredito que sejamos o melhor lugar do mundo para falhar (temos muita prática!), pois **fracasso e invenção são gêmeos inseparáveis**. Para inventar, é preciso experimentar, e se você sabe de antemão que alguma coisa vai dar certo, isso não é mais um experimento.

– Bezos, carta de 2015

Quando falamos em Thomas Edison, a maioria das pessoas pensa no inventor da lâmpada. Embora seja verdade que ele recebeu o crédito pela invenção da lâmpada, ele na verdade foi o responsável por criar os filamentos que tornaram a lâmpada economicamente viável para o mercado convencional.

Edison foi um prolífico inventor. Há uma citação famosa dele que diz o seguinte: "Se eu descobrir dez mil jeitos que não funcionam, eu não falhei. Não desanimo, porque cada tentativa errada e descartada costuma ser um passo adiante."

Ele não estava brincando quanto aos "dez mil jeitos que não funcionam". É por isso que ficou conhecido como "o mago de

Menlo Park", sua fábrica pessoal de ideias, onde colecionava patentes e acumulava crédito pelas invenções. Edison recebeu 1.039 patentes em seus 84 anos de vida e, embora mereça grande parte desse crédito, as histórias envolvendo a maneira como ele alcançou essa marca ainda são pouco conhecidas.

A imagem que a maioria das pessoas tem dele é a de um grande gênio do fim do século XIX e início do século XX, sentado sozinho num laboratório, se perguntando como as coisas funcionavam. Mas a história real é bem diferente.

Edison era brilhante o bastante para não tentar fazer tudo sozinho. Longe da imagem de um velho gênio sentado num cômodo solitário, ele construiu uma série de laboratórios em West Orange, Nova Jersey, em 1887. Em seguida, recrutou equipes para esses laboratórios, começando com 35 pessoas e chegando a empregar milhares ao longo dos anos, no que foi descrita como uma "fábrica de invenções".

Foi nesse ponto que suas experimentações alcançaram uma escala sistemática, industrial. Todos os depósitos eram muito bem equipados (algo impressionante para a época), de modo que sua equipe de pesquisadores tinha tudo de que precisava para testar e explorar.

Assim, seria mais correto descrever Edison como o pai da pesquisa comercial e o inventor mais prolífico do mundo. Ele também fez um comentário mais direto sobre a profissionalização do processo de tentativa e erro: "A medida real do sucesso é o número de experimentos que podem ser encaixados no espaço de 24 horas."

Cerca de duzentos anos depois, Jeff Bezos adotou o mesmo tipo de abordagem comercial para a invenção e a inovação.

Em vez de criar um departamento específico com pessoas incumbidas de inovar os produtos e operações da empresa (um típico departamento corporativo de Pesquisa & Desenvolvimento), Bezos incentiva a experimentação em *todos* os níveis da organização e em *todos* os departamentos – o que inclui basicamente qualquer um que receba um salário da Amazon. A invenção é um princípio fundamental que ajudou a Amazon a crescer e faz parte da descrição do cargo de todo mundo.

Mas qual é a diferença entre invenção e inovação?

- As duas estão relacionadas, mas a invenção pode ser definida como a criação de algo novo, seja um produto, seja a implantação de um processo pela primeira vez.
- A inovação ocorre quando alguém aperfeiçoa ou contribui de forma significativa para um produto, serviço ou processo já existente.
- Tanto a invenção quanto a inovação exigem uma cultura, um ambiente e uma mentalidade que as tornem possíveis.

Em 2011, falando especificamente sobre o Kindle, Bezos nos deu uma pista sobre sua maneira de pensar:

> Os amazonianos estão voltados para o futuro, com inovações radicais e transformadoras que criam valor para milhares de autores, empreendedores e desenvolvedores. A invenção já se tornou algo instintivo dentro da Amazon, e a meu ver o ritmo de inovação da equipe vem inclusive aumentando – posso lhes garantir que isso é muito revigorante.
>
> – Bezos, carta de 2011

Um valor central para a Amazon é que invenção e inovação dinâmicas significam que todos estão em busca de melhorias – o tempo todo.

Na Amazon, a invenção e a inovação estão entranhadas na cultura diária desde o "Dia 1" de trabalho. Não importa se é um profissional recém-formado que acabou de ser contratado ou um experiente representante de vendas, Bezos espera que os funcionários olhem para todas as suas tarefas e se perguntem como podem fazê-las melhor ou de forma mais eficiente.

O que você pode testar para obter melhores resultados? A Amazon quer pessoas que se façam esse tipo de pergunta. Na verdade, questionar o estado das coisas é praticamente uma exigência. Todos são incentivados a tentar ideias novas, fazer perguntas e olhar para os processos de um jeito diferente desde o início.

Mas e se você tentar alguma coisa e não der certo? Não se preocupe. Se sua postura for boa e você estiver realmente tentando, é mais provável que seu fracasso seja celebrado, não censurado. Pode até virar um dos fracassos bem-sucedidos que Bezos acaba transformando em lucros de bilhões de dólares.

Agora, se você tentar algo novo e *der certo*, a Amazon espera que você compartilhe o feito com os outros para ajudar a organização a crescer. Você é incentivado a reunir informações relevantes para dar suporte a suas conclusões, compartilhar tudo com seus supervisores imediatos e testar num pequeno grupo de colegas para ver se é algo replicável e confiável.

Caso suas informações iniciais sejam confirmadas em pequena escala, você pode até receber a incumbência de criar um programa completo de treinamento para todos os funcionários.

A invenção dinâmica ajuda a libertar a criatividade

A ênfase da Amazon em incentivar a invenção dinâmica em toda a organização é um de seus mais importantes princípios de crescimento por diversas razões, mas duas se destacam.

Em primeiro lugar, isso ajuda a identificar os membros mais inventivos da equipe.

Com mais de 600 mil funcionários, é muito mais fácil incentivar todos a testar e compartilhar suas melhores ideias do que tentar identificar quais deles são os "inventores" que concebem novos produtos, ideias, plataformas ou processos. Deixe que os inventores se destaquem, incentivando todo mundo a sugerir maneiras de criar e melhorar o que já existe – o resultado pode ser surpreendente.

Em segundo lugar, isso motiva as pessoas que realmente executam a tarefa a encontrar novas formas de fazer seu trabalho ou aprimorar os processos.

Olhando de perto, dá para ver que os funcionários mais produtivos sempre estão fazendo alguma coisa para criar formas inovadoras, melhores ou mais rápidas de fazer seu trabalho. Sentado numa sala de reunião três andares acima, sem nunca ter estado no chão de fábrica, nenhum gerente conseguiria ter novas ideias.

É claro que um olho bem treinado em geral consegue reconhecer o funcionário mais produtivo e identificar o que o faz se destacar. As melhores ideias, porém, quase sempre vêm das pessoas que executam as tarefas, não das que estão em posições formais de liderança. A Amazon dá poder aos seus funcionários para que eles experimentem e os incentiva a compartilhar suas melhores ideias, de modo que toda a organização possa se beneficiar.

Bezos está sempre em busca do pensamento criativo. Certa vez, ele contou sobre um episódio que aconteceu nos primórdios da Amazon:

> Eu estava empacotando umas caixas ajoelhado no chão e tinha mais alguém ajoelhado ao meu lado. Estávamos trabalhando, aí eu disse: "Sabe de uma coisa, a gente precisava de umas joelheiras. Isso está acabando com os meus joelhos." Então o cara falou:

"A gente precisa é de mesas para empacotar." E eu fiquei em choque. Era a ideia mais genial que eu já tinha ouvido!

– Entrevista de 2018 para o
The David Rubenstein Show, Bloomberg.[9]

A invenção dinâmica precisa ser intencional

Praticamente todas as empresas sabem que precisam ser inventivas e inovadoras para sobreviver. Não é a falta de conhecimento que as impede de inventar como a Amazon. Tampouco a falta de vontade. O que falta às empresas é uma cultura e uma estrutura corporativa que permitam o florescimento da invenção e da inovação em todos os níveis da organização.

A Amazon se esforça muito para desenvolver uma cultura interna que promove o pensamento inovador, a experimentação e a liberdade de falhar. É fundamental que a cultura permita que novas ideias sejam testadas, mesmo que pareçam "malucas". É crucial que as pessoas não achem que a própria carreira estará em risco caso não consigam acertar de primeira.

Para praticar a invenção dinâmica na sua organização, você precisa incentivar sua equipe a experimentar e *garantir que as falhas não serão fatais*.

Eis o que disse meu amigo e parceiro de negócios Kurt Huffman:

> As pessoas têm medo das *consequências* de um fracasso. Elas têm medo de ser demitidas, ridicularizadas, magoadas, de perder o cargo ou ir para a lista negra. Elas podem ainda não gostar do fracasso. Eu não *gosto* de fracassar. Mas quando sei que as consequências do meu fracasso serão vistas como oportunidades de aprendizado, e não como garantia de demissão, isso facilita a inovação – em vez de reprimi-la.

Se os funcionários (inclusive os gestores) experimentam algo e não dá certo, eles são incentivados a compartilhar suas ideias e seus resultados com o líder da equipe e os colegas. Essa sabedoria coletiva das pessoas mais próximas à tarefa que se tentou aprimorar pode ajudar a identificar o que deu errado. Ou pode ajudar a descobrir como transformar o fracasso num "fracasso bem-sucedido" que gere outros benefícios para a organização.

É essencial que todos sejam coerentes. Se você repreender ou censurar um funcionário ou colega por ter experimentado algo de boa-fé, será a última vez que ele tentará inovar ou testar algo novo e criativo. Se os outros perceberem que o fracasso foi recebido com críticas e punição, logo também deixarão de buscar maneiras de melhorar.

Em vez disso, incentive as pessoas a assumir riscos de forma inteligente. A verdade é que hoje em dia o maior risco que a maioria dos negócios assume é não assumir riscos *suficientes*.

Potencialize suas vantagens

Já vimos que a Amazon está experimentando, inventando e inovando com a expansão para as livrarias físicas. A empresa que começou vendendo livros on-line agora está abrindo lojas de varejo. O que será que eles andam enxergando no mercado que os faz querer testar a expansão para livrarias físicas?

Ora, ninguém vai a uma livraria da Amazon sabendo o que quer ler; para isso, basta fazer um pedido pelo site. As pessoas vão às lojas Amazon Books para descobrir o que querem ler *em seguida*.

Visitei algumas em Chicago, Nova York e Washington e notei alguns elementos que as diferenciam das livrarias tradicionais:

- Todos os livros ficam de frente, de forma que dê para ver a capa, e não apenas a lombada com o título. Isso significa que não é possível ter estoques enormes. Mas, durante a fase de testes, eles descobriram que os clientes gostavam de poder ver as capas.

- Os estoques são menores do que numa livraria tradicional, porque não é preciso estocar vários exemplares do mesmo livro; qualquer título pode ser encomendado pelos clientes nos terminais que ficam nas próprias lojas.
- Na Amazon Books, só entram livros com avaliação alta – apenas aqueles com pontuação acima de 4,6 no ranking de 5 estrelas da Amazon. Nenhum livro com menos do que isso ganha espaço nas prateleiras. Pode até ser um best-seller do *The New York Times*, mas, se não chegar ao mínimo de 4,6 no site da Amazon, não entra na livraria física.
- Todos os volumes ficam em exposição ao lado de um QR code contendo informações sobre o livro, inclusive todas as avaliações disponíveis, que você pode acessar do telefone ou do tablet. É possível ler mais sobre o produto enquanto se está com o livro físico nas mãos.
- A Amazon já sabe o que as pessoas de determinada área geográfica estão lendo, então a loja armazena títulos populares na região. Cada loja consegue personalizar a seleção nas prateleiras de acordo com os interesses locais.
- Além de vender livros, a Amazon Books também vende dispositivos eletrônicos de sucesso, como a Fire TV, o Echo e outros.

A Amazon vem fazendo o que as empresas inventivas fazem: elas experimentam e testam para ver o que funciona melhor para seus clientes e o que pode aprimorar a experiência do consumidor.

Por que é essencial praticar invenção e inovação dinâmicas?

A invenção e a inovação vêm em diversas formas e tamanhos. Ao discorrer sobre "o poder da invenção", Bezos diz o seguinte:

> A invenção vem em muitos tamanhos e formas. As invenções mais radicais e transformadoras costumam ser aquelas que empoderam os outros a libertar a própria criatividade – a ir em busca de seus sonhos. Isso é uma grande parte do que o Amazon Web Services, o Fulfillment by Amazon e o Kindle Direct Publishing vêm fazendo. Com essas iniciativas, estamos criando poderosas plataformas self-service que permitem a milhares de pessoas experimentar com ousadia e realizar coisas que seriam impossíveis ou impraticáveis de outra forma. Essas plataformas inovadoras, de larga escala, não são iniciativas em que, para você ganhar, alguém precisa perder – elas criam situações em que todo mundo sai ganhando, além de gerarem valor significativo para desenvolvedores, empreendedores, clientes, autores e leitores.
>
> – Bezos, carta de 2011

Na Amazon, a prática da invenção dinâmica fica evidente em todos os níveis. Para crescer como ela, um dos aspectos centrais é criar novidades e aprimorar o que já vem sendo feito.

As lições aprendidas com os fracassos do passado ajudam a mitigar as perdas e a aperfeiçoar os planos para experimentos futuros, aumentando as probabilidades de sucesso de novos projetos.

A Amazon sabe que a invenção e a inovação exigem experimentação, que a experimentação implica fracassos e que o aprendizado requer um bom acompanhamento e uma boa medição dos resultados.

Lab126 – Laboratório de invenções da Amazon

As vantagens competitivas são fundamentais para empresas como a Amazon, a Apple, o Google, etc. Só que isso não acontece se todo mundo souber no que você está trabalhando. ("Skunkworks" é o apelido que o pessoal na Amazon deu aos lugares onde sempre há algum projeto "secreto" sendo gestado.)

Em 2004, a empresa queria "aperfeiçoar o livro físico para os consumidores, tornando mais fácil do que nunca descobrir e apreciar os livros". Assim teve início o Lab126, o centro secreto na área da baía de São Francisco para pesquisa e desenvolvimento de hardware e dispositivos eletrônicos de consumo, sendo o Kindle o primeiro deles.[10]

Foi um grande salto para a Amazon, pois pela primeira vez a empresa tentava criar um produto para o mundo físico, deixando de se dedicar apenas ao mundo virtual.

Os profissionais que estavam por dentro do que acontecia no laboratório chamaram o primeiro experimento de "Projeto A", que foi o Kindle (em 2007); o "Projeto B" foi o Fire Phone (também conhecido como "fracasso bem-sucedido") e o "Projeto D" foi o Echo, apenas para citar alguns. (Há especulações sobre o "Projeto C", mas nada saiu daí... ainda.)[11]

O nome Lab126 vem da seta estilizada no logo da Amazon, que forma um sorriso que vai do A ao Z na palavra "Amazon". Em *Lab126*, o "1" representa o "A" e o "26", o "Z".

O Lab126 está sempre na vanguarda quando o assunto é invenção e inovação. Pode ser que, neste instante, eles já estejam trabalhando num "Projeto X, Y ou Z" que esperam ser a próxima onda do momento.

Acho que se Thomas Edison e Jeff Bezos algum dia se encontrassem, descobririam que têm uma coisinha ou outra em comum.

PROPOSTA

Praticar invenção e inovação dinâmicas

P: Nos próximos 30 dias, dedique algum tempo a se perguntar: Qual é a próxima inovação que quero testar no meu negócio?

P: Como você pode implantar um "Lab126" dentro da sua empresa?

Ciclo de crescimento: Construir

Ter obsessão pelo cliente

Aplicar um pensamento de longo prazo

Compreender seu *flywheel* – ou círculo virtuoso

Na Amazon, construir é transformar ideias promissoras em iniciativas sólidas, e a empresa faz isso garantindo que todos os seus investimentos sejam baseados no que os clientes de fato *querem*.

A boa notícia é que os riscos de curto prazo ajudam a descobrir quais iniciativas têm maior probabilidade de sucesso, de modo que as outras sejam eliminadas (e se transformem em aprendizado). Assim, num contexto mais amplo, poupam-se tempo, energia e capital.

A Amazon usa o pensamento de longo prazo para garantir que toda iniciativa (e todo risco) seja construída a partir de bases sólidas e possa perdurar por muitos e muitos anos, mesmo que isso implique sacrifícios no curto prazo.

Bezos não tem interesse em construir nada que *apenas* gere dinheiro no curto prazo. Na verdade, a Amazon se assegura de que todas as iniciativas sejam coerentes com seu modelo de negócios principal, que Bezos chama de *flywheel*, termo cunhado por Jim Collins no livro *Empresas feitas para vencer*. Essa abordagem torna a Amazon uma empresa altamente focada e sólida – e, ainda assim, muito ágil.

Princípio 4:
Ter obsessão pelo cliente

Sempre digo a nossos funcionários para eles terem medo, para acordarem todos os dias morrendo de medo. Não dos nossos concorrentes, mas dos nossos clientes. **Nossos clientes fizeram da nossa empresa o que ela é hoje**, nossa relação é com eles, e é com eles que temos uma enorme obrigação. Eles são leais a nós – só até o momento em que outra empresa oferecer um serviço melhor.
– Bezos, carta de 1998

Trabalhar a partir das necessidades dos clientes nos obriga a adquirir novas competências e exercitar novos músculos, mesmo que esses primeiros passos sejam desconfortáveis e constrangedores.
– Bezos, carta de 2008

A Amazon quer os clientes felizes.

A icônica logomarca da Amazon exprime, com o sorriso e a seta, que a empresa "entrega sorrisos na porta dos clientes". Quando a logo foi atualizada no ano 2000, a Amazon afirmou: "O sorriso agora começa embaixo do 'a' e termina com uma covinha embaixo do 'z', enfatizando que a Amazon.com oferece, de A a Z, tudo que os clientes possam querer comprar on-line."[12]

A verdade é que o maior desejo da Amazon é ver os clientes felizes, e Bezos quer que todos dentro da empresa sejam "obcecados pelo cliente".

"Obsessão" é a descrição clínica de um foco muito além do "normal" e, portanto, a palavra "obcecado" costuma ter uma conotação negativa no vocabulário do dia a dia. Significa passar dos limites, chegando a um extremo.

Mas é exatamente nessa medida que Bezos quer que todos dentro da empresa se preocupem com as necessidades dos clientes.

De todos os *Princípios de liderança da Amazon*, talvez o mais importante seja o que diz respeito à obsessão pelo cliente. A primeira missão de um líder na Amazon é ser obcecado pelo cliente – e espera-se que todos os funcionários sejam líderes, independentemente do papel ou cargo que ocupam.

Princípio de liderança da Amazon – Obsessão pelo cliente: O ponto de partida dos líderes é o cliente. Eles trabalham com determinação para conquistar e manter sua confiança. Líderes estão atentos à concorrência, mas sua obsessão é pelos clientes.

Esse princípio de liderança trabalha de mãos dadas com o 4º Princípio de crescimento (Ter obsessão pelo cliente), porque é impossível fazer **qualquer** negócio crescer sem ter clientes.

Um negócio obcecado pelo cliente

O verdadeiro segredo da Amazon no que diz respeito à obsessão pelo cliente não é conceitual, mas prático.

"Obsessão", no sentido mais verdadeiro, descreve o foco da empresa em se manter persistente e preocupada com os desejos e as necessidades dos clientes – antes mesmo de os próprios clientes saberem o que querem.

Tudo que a Amazon faz – tanto no plano macro quanto no plano micro – remete a algo que a companhia sabe ou acredita saber sobre seus clientes.

Para se tornar um negócio obcecado pelo cliente, é preciso entrar na mente deles. Considere perguntar o que eles realmente querem. Para algumas perguntas, você talvez já consiga dar uma resposta, imaginando o que os clientes diriam. Mas só terá certeza quando a informação vier direto da fonte (ou dos *dados* dessa fonte).

Quase todas as empresas dizem que se importam com os clientes. Basta ver o clichê que muitas adotam: "O cliente tem sempre razão." Mas a retórica vazia de um clichê é bem diferente de uma obsessão *proativa* pelo cliente. "O cliente tem sempre razão" é uma ideia reativa, pois sugere aos funcionários que atendam às exigências dos clientes que chegam até a empresa com alguma questão.

Recentemente fui a um evento de recrutamento em Nashville e ouvi a fala de Dave Johnson, executivo da Amazon. Ele contou que, antes de trabalhar na empresa, havia trabalhado em dois lugares que tinham foco no cliente e eram excelentes. "Mas", disse ele, "na Amazon nós somos obcecados pelos clientes."

Com essa ênfase nos clientes, os funcionários da Amazon conseguem manter o foco nas *soluções*, não nos *problemas*. Bezos quer estar sempre na frente, quer "resolver os problemas antes que eles apareçam", ou seja, quer evitar que sua equipe faça besteiras em primeiro lugar.

Agora, querer que os clientes estejam felizes é uma coisa; conseguir isso são outros quinhentos.

A Amazon criou os *Pilares da experiência do cliente* para se concentrar justamente no que os consumidores querem e entregar isso a eles.

Em 2001, a empresa tinha certeza de que dois desses pilares eram a base de seu crescimento: seleção e conveniência. Mas então Bezos acrescentou mais um pilar: preços implacavelmente mais baixos.

Os três *Pilares da experiência do cliente* são:

- Preços baixos
- A melhor seleção
- Entrega rápida e conveniente

No nosso negócio de varejo, temos a firme convicção de que os clientes valorizam preços baixos, ampla seleção e entrega rápida e conveniente. Acreditamos que essas necessidades continuarão estáveis ao longo do tempo. É difícil imaginar que daqui a dez anos os clientes possam vir a querer preços mais altos, uma seleção pior e entrega mais demorada. Nossa crença na solidez desses pilares é o que nos dá a confiança necessária para investir em seu fortalecimento. Sabemos que a energia que empregarmos hoje continuará pagando dividendos por um longo tempo.

– Bezos, carta de 2008

O que os clientes *realmente* querem?

Muitas empresas equivocadamente se concentram mais nos produtos e serviços do que nos clientes. Ao projetar e aprimorar os produtos, elas melhoram as *funcionalidades* já existentes. Depois gastam tempo e dinheiro promovendo novas funcionalidades. Quando os clientes não compram, os executivos dessas empresas podem pensar que o problema está na mensagem. Ou que os clientes não compreendem o valor que aquele produto ou serviço tem.

Em muitos casos, o problema não está na mensagem nem na falta de compreensão por parte dos clientes, mas no fato de a empresa só ter considerado *depois* o que o cliente queria ou do que precisava. Empresas assim são obcecadas não pelo cliente, mas pelos próprios produtos.

Eis as perguntas que a Amazon *sempre* faz:

- Quem é o cliente?
- Qual é o problema ou a oportunidade que o cliente traz?
- Qual é o principal benefício para o cliente?
- Como saber do que o cliente precisa?
- Como é a experiência do cliente?

Atendimento ao cliente como extensão da obsessão pelo cliente

O que seus consumidores querem quando fazem o primeiro contato com o serviço de atendimento ao cliente? Muito provavelmente, um de seus maiores desejos é que seu problema seja resolvido com rapidez, com o menor transtorno possível e da forma que lhe for mais conveniente (por chat, e-mail, telefone, etc.).

Vejamos um exemplo: a Amazon sabe que ninguém gosta de ficar na fila de espera numa ligação. Mesmo que seja rápido, as pessoas não querem aguardar que alguém atenda a sua ligação. Portanto, se você ligar para o serviço de atendimento ao cliente da Amazon, não terá que esperar na linha. Você deixa seu número de telefone e a Amazon *liga de volta* quase na mesma hora.

É importante entender o seguinte: para a Amazon, só o fato de o cliente ligar para a empresa com um problema já significa que há uma falha no sistema.

A Amazon quer que o cliente seja capaz de resolver o problema por conta própria ou que a empresa perceba automaticamente que há um problema e o resolva sendo proativa, sem que ele precise ser transferido várias vezes.

Alguns clientes, no entanto, podem querer falar com um ser

humano de verdade para sentir que estão sendo ouvidos (seja por chat, e-mail, seja por telefone). Por isso a Amazon oferece várias opções de atendimento ao cliente.

A empresa sabe que se os clientes tiverem que penar para descobrir uma forma de entrar em contato, em busca de uma solução rápida para algum problema, ficarão insatisfeitos, e essa frustração pode viralizar muito depressa.

Por outro lado, se os clientes conseguirem resolver suas questões no atendimento ao cliente, as taxas de devolução serão menores e sua empresa terá mais menções positivas nas redes sociais (mesmo que tenha havido problemas), melhores avaliações on-line e mais clientes recorrentes. É com isso que a Amazon conta.

Mais do que isso, Bezos sabe que o segredo para o crescimento e o sucesso não é ter mais gente trabalhando no atendimento ao cliente, mas eliminar os problemas antes que eles se espalhem.

Outro exemplo: nas ligações ou nos chats on-line de atendimento ao cliente, em vez de seguir cegamente checklists ou roteiros, os atendentes são autorizados a fazer tudo que for possível para atender o cliente da melhor maneira.

Há pouco tempo, minha esposa (que detesta ir às compras, mas adora comprar on-line pela Amazon) passou pela experiência de fazer um pedido de café descafeinado e receber em casa o café comum. Ela entrou no chat do serviço de atendimento ao cliente e o café foi substituído. O atendente disse que se ela recebesse o produto errado de novo, por favor entrasse em contato, pois eles tirariam o produto do sistema e investigariam o problema.

Quando recebeu de novo o café errado, ela ligou para o serviço de atendimento ao cliente e falou com um dos atendentes da Amazon, que substituiu o produto no sistema por outra marca e ofereceu a ela um crédito pela dificuldade que teve com aquele pedido.

Claro, foi um inconveniente, mas ela acabou satisfeita, porque considerou que não apenas a escutaram como foram capazes de identificar o problema *maior*. Ela sentiu que eles de fato iriam resolver a questão, em vez de apenas deixá-la satisfeita e ignorar a raiz do problema. (De bônus, ela pôde ficar com o café comum para oferecer aos amigos que gostam de café forte.)

O resultado é que ela manteve a confiança e vai continuar comprando na Amazon (e ela compra *muito* na Amazon).

Quando o cliente se sente compreendido e respeitado, é muito provável que volte a comprar. Na cultura da Amazon, os atendentes são autorizados a resolver muitas questões sem precisar checar com os supervisores ou conseguir aprovação.

Na mesma linha, a empresa espera que os vendedores independentes sejam igualmente obcecados pelo cliente. Os terceiros que vendem pela plataforma da Amazon na verdade são *incentivados* a isso.

Por exemplo, a Amazon enviou uma carta para milhares de vendedores independentes dizendo que, a partir do dia 1º de agosto de 2019, produtos vendidos e entregues por ela deveriam estar em conformidade com a padronização de embalagens conhecida como *Frustration-Free Packaging*. Além disso, a empresa é coerente, pois está sempre disposta a investir dinheiro nas práticas que defende. Com isso, a Amazon disponibilizou crédito para incentivar esses vendedores a se adequarem às novas regras dentro do prazo estipulado. Aqueles que não cumprissem os requisitos passariam a pagar uma taxa para cada pacote fora do padrão. Dessa forma, a empresa consegue mudar o cenário competitivo para os vendedores independentes também.

Em alguns casos, a Amazon *exige* que os vendedores externos adotem medidas centradas no consumidor se não quiserem correr o risco de ser banidos da plataforma. A empresa costuma suspender ou excluir vendedores sem pensar duas vezes se suas avaliações negativas por parte dos clientes permanecerem sem solução.

Para os vendedores do Marketplace terem sucesso, é fundamental entender a *mentalidade* da Amazon de obsessão pelo cliente.

Nunca parar de fazer perguntas

Outro princípio que a Amazon incorpora a tudo que faz é se perguntar sempre: O que impede os clientes de fazer negócio com a gente?

Já vimos o exemplo da questão do frete. Isso era uma objeção que impedia alguns clientes de comprarem na Amazon. O mesmo valia para a impossibilidade de "tocar e sentir" os produtos antes de comprá-los – os clientes não estavam acostumados com isso.

O que Bezos e a Amazon fizeram?

Já falamos que eles ofereceram aos clientes inúmeras opções para evitar as despesas com frete e tornaram a experiência de compra on-line menos "sofrida".

Além disso, eles começaram vendendo livros (produtos que não precisavam tanto ser "tocados"). Eles ofereciam amostras, listas com detalhes, resenhas editoriais e avaliações de outros clientes para incentivar as pessoas a comprar o livro "certo" para elas. Também facilitaram a questão das devoluções, evitando os transtornos nesse sentido.

O risco de insatisfação foi transferido dos clientes para a Amazon, o que está em sintonia com os valores mais importantes da Amazon – os três *Pilares da experiência do cliente*: preços baixos, a melhor seleção e entrega rápida e conveniente.

O poder dos sistemas automatizados

Nós construímos sistemas automatizados que descobrem em quais ocasiões oferecemos uma experiência abaixo dos nossos padrões aos clientes e depois proativamente lhes oferecem um reembolso.

– Bezos, carta de 2012

Em dezembro de 2012, Henry Blodget escreveu um artigo para o site Business Insider descrevendo sua experiência com os sistemas proativos e automatizados da Amazon.

Blodget tinha alugado *Casablanca* porque estava escrevendo um texto sobre algumas lições simples de negócios contidas no filme que poderiam salvar a economia americana. A ideia não era assistir a tudo do começo ao fim, mas ir parando, adiantando e voltando para ver apenas as cenas que lhe interessavam. Porém, como muitos serviços de streaming da época, isso fazia a imagem congelar, obrigando-o a voltar e começar tudo de novo.

Por mais incômodo que fosse, não era algo completamente inesperado: em 2012, os serviços de streaming de vídeo eram, no melhor dos casos, precários. Podia ser um problema do aplicativo, de sua conexão à internet ou da própria Amazon.

"Imaginem minha surpresa quando recebi pela manhã o seguinte e-mail da Amazon:

Olá,
    Percebemos que você teve problemas na reprodução do seguinte vídeo alugado pelo sistema da Amazon Video on Demand: *Casablanca*.
    Pedimos desculpas pelo inconveniente e lhe concedemos um reembolso no valor de US$2,99. Esperamos revê-lo em breve.

Equipe da Amazon Video on Demand

"A Amazon percebeu mesmo que eu tive 'problemas na reprodução' do vídeo? E decidiu me dar um reembolso por causa disso? Uau!"

Blodget relatou toda a situação no artigo "O exemplo mais recente que explica por que a Amazon é uma das empresas mais bem-sucedidas do mundo": "A Amazon é obcecada em deixar seus clientes felizes. Ao contrário de muitas outras empresas, ela abre mão de ganhos de curto prazo sem pestanejar em troca da chance de conquistar a lealdade do cliente no longo prazo."[13]

Essa história ilustra uma convergência de vários *Princípios de crescimento*, como a obsessão pelo cliente, a aplicação de um pensamento de longo prazo e o foco em padrões de excelência.

Todos esses princípios tiveram um papel na elaboração desse sistema automatizado que monitora a qualidade da interação com o cliente e responde automaticamente.

Além do esperado

A última frase de Bezos na carta de 2012 chamou a minha atenção: "A gana de fazer com que os clientes digam 'uau' mantém o ritmo acelerado das inovações."

Não se trata apenas de servir o cliente. Obsessão significa estar sempre acima da média – é o tipo de extremismo que deixa Bezos feliz. É inventar em benefício do cliente, melhorar a experiência de compra, fazer os clientes dizerem "uau" porque receberam mais do que esperavam. E é isso que quero dizer com "obsessão pelo cliente".

> Também temos autores como clientes. A Amazon Publishing acabou de anunciar que vai começar a pagar royalties para os autores mensalmente, com prazo de 60 dias. O padrão de mercado há muito tempo é pagar duas vezes ao ano. Quando falamos com esses autores como clientes, uma das principais insatisfações relatadas é a frequência do pagamento. Imagine o que você acharia se fosse pago apenas duas vezes ao ano. Não existe qualquer pressão competitiva no sentido de pagar aos autores

numa frequência maior do que de seis em seis meses, mas estamos agindo proativamente nesse sentido.

Reduzimos os preços do AWS 27 vezes desde o lançamento, sete anos atrás, acrescentamos melhorias nos serviços de suporte às empresas e criamos ferramentas inovadoras para ajudar os clientes a serem mais eficientes. O AWS Trusted Advisor monitora as configurações do cliente, as compara com as melhores práticas e depois notifica os clientes quando existem oportunidades de melhorar o desempenho, aumentar a segurança ou economizar dinheiro. Sim, muitas vezes nós dizemos aos clientes que eles estão nos pagando mais do que deveriam. Nos últimos 90 dias, os clientes já economizaram milhões de dólares com o Trusted Advisor, e o serviço está apenas começando.

Todo esse progresso se insere num contexto em que o AWS é, reconhecidamente, o maior líder nessa área – situação que poderia fazer com que não houvesse motivação externa. Por outro lado, a motivação interna – a gana de fazer com que os clientes digam "uau" – mantém o ritmo acelerado das inovações.

– Bezos, carta de 2012

PROPOSTA

Ter obsessão pelo cliente

P: Pare agora e faça uma descrição por escrito de seu cliente típico (bom). Quais são as três ou quatro características principais que ele possui? Quais são os maiores problemas enfrentados por ele que você pode ajudar a resolver?

P: O que você pode fazer hoje para melhorar a experiência do cliente com a sua empresa?

P: Desafie sua equipe a apresentar toda semana uma nova ideia para servir os clientes com excelência, custe o que custar.

Princípio 5: Aplicar um pensamento de longo prazo

> Acreditamos que uma medida fundamental do nosso sucesso será o valor que criarmos para os acionistas no **longo prazo**.
>
> – Bezos, carta de 1997

> Estamos empenhados em construir algo importante, algo que faça diferença para nossos clientes e sobre o qual possamos **contar para nossos netos** no futuro.
>
> – Bezos, carta de 1997

Em 1989, faltavam apenas 11 anos para a virada do século, mas Danny Hillis, inventor e cientista da computação, se sentia cada vez mais frustrado pela forma como se falava sobre o ano 2000. Ao longo de toda a sua infância, ele ouvira todo mundo usar o ano 2000 como a única medida do futuro. Durante 30 anos, as pessoas vinham falando especificamente sobre o ano 2000, mas ninguém mencionava nada para além dessa data.[14]

Na época, muita gente nem sequer prestava atenção nas referências ao ano 2000, mas Hillis prestava. Nas palavras dele: "Todo mundo falava sobre o que aconteceria quando chegasse o ano

2000, mas ninguém mencionava nenhuma data futura. O futuro vinha encolhendo de ano em ano ao longo de toda a minha vida."

A maioria das pessoas estava preocupada com o ano 2000 em si e com o que poderia acontecer se os computadores dessem defeito quando a data passasse de 1999 para 2000 (o que ficou conhecido como o bug do milênio), mas o fato é que, quando o mundo entendeu o possível problema, os computadores simplesmente – ou não tão simplesmente assim – foram reprogramados para evitá-lo.

Porém Hillis se sentia na obrigação de fazer as pessoas pensarem para além do ano 2000, que ele descrevia como uma "barreira mental de um futuro cada vez mais curto". Ele resolveu então construir o que ficou conhecido como o *Relógio de 10 mil anos*.

Trata-se de um relógio "movido a energia mecânica gerada pela luz do sol e pelas pessoas que o visitam".[15] Como o nome sugere, a ideia é que o relógio funcione por 10 mil anos, com mínima manutenção e interrupção. O projeto já passou pela fase de design, engenharia e fabricação de componentes, e agora está sendo construído no interior de uma montanha no oeste do Texas.

Enquanto a maioria dos relógios faz tique a cada um segundo, o *Relógio de 10 mil anos* faz tique uma vez *por ano* e tem um ponteiro que avança somente a cada 100 anos, com um cuco que só sai a cada mil anos.

A maioria das pessoas provavelmente não chegará a ver nem o tique dos 100 anos. De acordo com o site:

> Por que alguém construiria um relógio dentro de uma montanha, na esperança de que ele funcione durante 10 mil anos? Parte da resposta é: só assim as pessoas farão essa pergunta e, a partir daí, se verão motivadas a evocar as noções de geração e milênio. Se tivermos um relógio batendo durante 10 mil anos, que tipo

de pergunta e projeto em escala geracional ele pode sugerir? Se ele for capaz de durar dez milênios, não deveríamos garantir que a civilização também durasse? Se ele ainda vai estar funcionando muito tempo depois de estarmos mortos, por que não tentar criar outros projetos que exijam que as futuras gerações os terminem? A maior pergunta de todas é a que o virologista Jonas Salk fez: "Será que estamos sendo bons antepassados?"

E, nas palavras de Hillis:

Não consigo imaginar o futuro, mas me preocupo com ele. Sei que sou parte de uma história que começou muito antes do que posso me lembrar e que continuará muito depois de alguém ainda se lembrar de mim. Sinto que vivo numa época de mudanças importantes e me acho responsável por garantir que as mudanças acabem bem. Planto minhas sementes sabendo que nunca viverei para ver o carvalho.[16]

Seja um "bom antepassado" para os futuros donos e funcionários do seu negócio

Com tanta pressão sobre os resultados trimestrais e as metas mensais de vendas, é fácil as empresas se verem vítimas de minicrises de curto prazo. A maioria das companhias funciona assim, com linhas de crédito que podem ser resgatadas se uma métrica de curto prazo cai abaixo de um certo nível. Também pode acontecer de o valor de uma ação negociada na bolsa despencar se os lucros por ação ficarem um centavo abaixo das expectativas trimestrais de Wall Street.

Embora seja compreensível medir o progresso tanto no curto quanto no longo prazo, vale a pena perguntar por que deixamos que métricas temporais "inventadas", como as cotas mensais ou os resultados trimestrais, tenham tanto impacto na forma como construímos nossos negócios.

O que o *Relógio de 10 mil anos* tem a ver com Bezos ou com a Amazon? Jeff Bezos é, indiscutivelmente, um mestre no pensamento de longo prazo.

Ele é o dono da propriedade no Texas que abriga a primeira versão em tamanho real do tal relógio e investiu 42 milhões de dólares na sua construção. De acordo com o site da organização, ele também trabalha ativamente no planejamento da "experiência completa do Relógio".

Mas o *Relógio de 10 mil anos* não é um simples projeto de vaidade pessoal, bancado por um sujeito que não sabe mais o que fazer com tanto dinheiro. Vejamos um trecho da entrevista com Dylan Tweney[17] que saiu no Wired.com em 2011:

> Para Bezos, fundador da Amazon.com, o relógio não é somente uma obra de máximo prestígio. É um símbolo do poder do pensamento de longo prazo. A esperança dele é que a construção desse relógio possa mudar a maneira como a humanidade pensa sobre o tempo, incentivando nossos descendentes distantes a terem uma visão mais ampla do que a nossa. O próprio Bezos já tem uma visão muito mais ampla do que a maioria dos CEOs da Fortune 500.

Como o próprio Bezos explicou a Tweney:

> No período de funcionamento desse relógio, os Estados Unidos não vão mais existir. Civilizações inteiras terão surgido e desaparecido. Novos sistemas de governo terão sido inventados. É impossível imaginar o mundo que esse relógio testemunhará.

Para nós que trabalhamos no ramo dos negócios, o *Relógio de 10 mil anos* é mais do que uma anedota interessante sobre perspectiva, engenharia e um projeto apaixonado de 42 milhões de dólares. Seu propósito praticamente nos obriga a pensar se a forma como conduzimos nossos negócios nos torna bons antepassados para os acionistas e funcionários que virão muito depois que nosso relógio biológico parar de bater.

É inevitável pensar como os donos de empresas poderiam adotar alguns desses princípios de longo prazo. Por sorte, Bezos nos dá algumas respostas e perspectivas nas *Cartas aos acionistas*, em especial na primeira, que escreveu em 1998, fazendo referência ao ano de 1997.

O pensamento de longo prazo e as Cartas aos acionistas

As *Cartas aos acionistas* estão repletas de referências que explicam quão fundamental é o pensamento de longo prazo para Bezos e reafirmam seu compromisso de criar valor de longo prazo para os investidores da Amazon, mesmo que isso tenha um custo para a empresa no curto prazo.

Na inspiradora carta de 1997, por exemplo, Bezos dedicou uma seção inteira ao pensamento de longo prazo como medida do sucesso.

Na seção intitulada "É tudo uma questão de longo prazo", ele enfatiza que aumentar o valor de longo prazo deveria ser a "medida fundamental" do sucesso da Amazon. Em outras palavras, enquanto os investidores talvez estejam preocupados com os balanços trimestrais da empresa, Bezos os enxerga como secundários. Seu tempo e sua atenção estão muito mais focados no longo prazo.

O pensamento de longo prazo é um princípio central para Bezos, instilado na mentalidade e na cultura da Amazon do início de sua existência até hoje. Bezos não falou nele apenas quando a Amazon ainda estava engatinhando e buscava atrair investimentos. Basta observar que as *Cartas aos acionistas* e as iniciativas da Amazon de hoje evidenciam um foco ainda maior no longo prazo.

Resistindo a Wall Street – a Amazon dá o exemplo para a Apple

A Amazon talvez tenha sido uma das poucas empresas que conseguiu resistir à tendência de Wall Street de se concentrar nos resultados trimestrais, voltando seu foco para objetivos e perspectivas de longo prazo. Porém a pressão é grande. Bezos já começou a empresa com uma mentalidade voltada para o longo prazo; a Apple está tentando mudar sua mentalidade nesse sentido. Ter uma perspectiva assim desde o início, como fez Bezos, é muito mais fácil do que tentar mudá-la no meio do caminho. Mas o fato é que o exemplo da Amazon nos prova que essa estratégia de longo prazo pode funcionar.

Numa coluna de dezembro de 2018 para o *Wall Street Journal*, intitulada "Pode ser difícil para as empresas pensar no longo prazo", John Stoll escreveu: "As empresas precisam fazer uma escolha difícil: elas querem implementar estratégias que muitas vezes levam anos para valer a pena, mas Wall Street nem sempre reage com muita gentileza." Na sequência, ele relembrou a violenta reação dos investidores quando a Apple Inc. anunciou que deixaria de lado "sua prática de informar os números trimestrais de vendas para unidades individuais" porque "o desempenho de 90 dias de vendas de Macs ou iPhones não é um indicador da força por trás dessas linhas de produtos."[18]

Como exatamente os investidores reagiram à decisão da Apple de resistir à obsessão de Wall Street por números trimestrais? As ações da empresa caíram 6,6% no dia do anúncio, 2 de novembro de 2018, levando a uma redução de 71,19 bilhões de dólares em seu valor de mercado.

Para termos uma ideia, o valor de mercado da Apple caiu, em apenas um dia, mais do que o valor total de mercado, em 30 de setembro de 2018,[19] das seguintes empresas: Biogen Idec, Inc. (US$71,17 bilhões), Kraft Heinz Co. (US$67,18 bilhões), Charles Schwab Corp. (US$66,4 bilhões), FedEx Corporation (US$63,45 bilhões), além de muitas outras do S&P 500.

Em outras palavras, qualquer uma dessas empresas teria sido varrida da face da Terra naquele dia, e *ainda assim* o impacto não teria sido tão grande no S&P 500 quanto a decisão da Apple de se concentrar no longo prazo. Stoll chamou tal decisão de "o último episódio no confronto entre pensamento de curto e de longo prazo em Wall Street".

Wall Street simplesmente não gosta de pensar no longo prazo. Mas Bezos gosta, tanto que criou na Amazon essa cultura, fazendo dela uma das poucas empresas a ignorar com sucesso, desde o início, a métrica trimestral para o preço das ações e os resultados – mesmo em épocas difíceis, como no período da quebradeira das pontocom, quando alguns detratores chegaram a fazer piada com seu nome (a esta altura eles devem estar repensando sua posição).

A Amazon resiste a essa tendência do mercado, sacrificando os lucros do ano para investir na lealdade do cliente e em oportunidades de produtos no longo prazo, capazes de gerar maiores lucros no ano seguinte e por muitos e muitos anos.

O pensamento de longo prazo permite à empresa se concentrar nas métricas que importam, que, no caso dela, são o aumento do número de clientes e da receita. Investir na experiência do cliente – e aprimorá-la – faz com que as compras recorrentes e a força da marca aumentem.

Bezos chegou a pedir a potenciais investidores que evitassem investir na Amazon se sua filosofia de investimento não fosse compatível com o pensamento de longo prazo. Ele fez justamente isso na carta de 1997 aos acionistas, numa época em que a maioria das startups estava praticamente implorando por investidores. Bezos, não. Atrair investidores não era tão importante quanto manter o foco no longo prazo. Como ele mesmo disse:

> (...) queremos compartilhar nossa estratégia básica de gestão e tomada de decisões de modo que vocês, nossos acionistas, possam confirmar se ela está de acordo com sua filosofia de investimento.
> – Bezos, carta de 1997

Essa mentalidade bate de frente com as expectativas tradicionais de Wall Street sobre uma empresa de capital aberto. Mas Bezos não está nem aí. Ele mantém o foco no crescimento de longo prazo e não fica se preocupando com os resultados do próximo trimestre.

Pensar no longo prazo mesmo quando o mundo recompensa o pensamento de curto prazo

Para as empresas que já caíram na rotina do pensamento de curto prazo, a transição para o pensamento de longo prazo pode ser muito dolorosa. Se as ações da sua empresa são negociadas na bolsa, há chances de a reação ser similar ao que aconteceu com a Apple. No entanto, quanto mais cedo você começar o processo de transição (e quanto menor a empresa), mais cedo será capaz de aliviar a pressão interna causada por investidores e analistas em relação às metas mensais e aos relatórios trimestrais.

A Apple é mesmo um ótimo exemplo. A razão que a empresa alegou para deixar de informar os dados sobre as vendas trimestrais de cada produto individualmente é que essa não seria uma métrica correta sobre a saúde de cada produto. Suspeito que eles tenham seguido fielmente o que Wall Street queria por anos e anos, embora no fundo não acreditassem nisso. Era um gasto desnecessário de tempo e energia. Imagine como era frustrante e uma enorme fonte de distração para a Apple ver que o valor da companhia flutuava com base num parâmetro que as pessoas que melhor conheciam o negócio consideravam irrelevante.

Como já comentei, nem sempre foi fácil para a Amazon manter o foco no longo prazo. Na virada do século, no ano 2000, Bezos escreveu sua carta para os acionistas com uma sinceridade impressionante, mais uma vez refletindo o foco inabalável da empresa no pensamento de longo prazo.

Aos nossos acionistas:

Caramba! Este certamente foi um ano extremamente difícil para muitos no mercado de capitais e para os acionistas da Amazon.com.

No momento em que escrevo esta carta, nossas ações apresentam uma queda de 80% em relação ao período em que escrevi a carta do ano passado. No entanto, por quase qualquer parâmetro, a Amazon.com se encontra agora numa posição mais sólida do que em qualquer outro momento do passado:

- Atendemos 20 milhões de clientes no ano 2000, enquanto em 1999 foram 14 milhões.
- As vendas passaram de 1,64 bilhão de dólares em 1999 para 2,76 bilhões no ano 2000.
- O prejuízo operacional pró-forma caiu para 6% das vendas no quarto trimestre do ano 2000, enquanto em 1999 esse percentual foi de 26%.
- O prejuízo operacional pró-forma nos Estados Unidos caiu para 2% das vendas no quarto trimestre do ano 2000, enquanto em 1999 esse percentual foi de 24%.

- O gasto médio por cliente no ano 2000 foi de 134 dólares, um aumento de 19%.
- O lucro bruto passou de 291 milhões de dólares em 1999 para 656 milhões no ano 2000, um aumento de 125%.
- Quase 36% dos clientes dos Estados Unidos no quarto trimestre do ano 2000 compraram ferramentas, itens eletrônicos ou de cozinha – e não livros, músicas ou vídeos.
- As vendas internacionais cresceram de 168 milhões de dólares em 1999 para 381 milhões no ano 2000.
- No quarto trimestre de 2000, ajudamos nosso parceiro Toysrus.com a vender mais de 125 milhões de dólares em brinquedos e videogames.
- Graças à emissão de dívida conversível do início do ano, encerramos o ano 2000 com caixa e aplicações financeiras no valor de 1,1 bilhão de dólares, enquanto em 1999 tínhamos 706 milhões.
- E, o mais importante de tudo, nosso foco incansável no cliente se refletiu na pontuação de 84 no Índice de Satisfação do Cliente Americano. É a pontuação mais alta já alcançada por uma empresa de serviços em qualquer setor.

Ora, se a empresa está numa posição mais sólida hoje do que um ano atrás, por que o preço da ação está tão abaixo em relação ao ano passado? Como disse o famoso investidor Benjamin Graham: "No curto prazo, o mercado de ações é uma urna eletrônica. No longo prazo, é uma balança." É evidente que muita gente estava votando na Amazon no boom de 1999 – e poucos a estavam pesando. Somos uma empresa que quer ser avaliada criteriosamente e, com o tempo, nós seremos – a longo prazo, todas as empresas serão. Enquanto isso, estamos trabalhando com total dedicação para construir uma empresa cada vez mais robusta.

Imagine trocar o fardo do pensamento de curto prazo pela liberdade do foco no longo prazo. Pense no *Relógio de 10 mil anos*, que só bate uma vez por ano. Que decisões você pode tomar em sua empresa para deixá-la numa posição mais sólida daqui a três, sete ou cem anos? Quase ninguém consegue se imaginar construindo algo para durar 10 mil anos. Mas o desafio dessa missão muda nossa forma de pensar. No caso da Amazon, a carta de 1997 define com clareza a estratégia de longo prazo de Bezos quanto à gestão e à tomada de decisões:

- Manteremos o foco incansável nos clientes.
- Continuaremos a tomar decisões de investimento com vistas à liderança de mercado no longo prazo, e não na rentabilidade a curto prazo ou nas reações imediatas de Wall Street.
- Continuaremos medindo nossos programas e a efetividade de nossos investimentos de forma analítica para descartar aqueles que não geram retornos aceitáveis e intensificá-los naquilo que funciona melhor. Continuaremos aprendendo tanto com nossos sucessos quanto com nossos fracassos.
- Tomaremos decisões de investimento arrojadas quando enxergarmos uma probabilidade suficiente de conquistar vantagens na liderança de mercado. Alguns desses investimentos trarão bons resultados, ao passo que outros, não; seja como for, conseguiremos extrair valiosas lições.
- Se formos obrigados a escolher entre otimizar a aparência de nossos relatórios contábeis e maximizar o valor presente de fluxos de caixa futuros, ficaremos com os fluxos de caixa.
- Compartilharemos nosso raciocínio estratégico quando fizermos escolhas audaciosas (na medida em que as pressões

competitivas permitam), de forma que vocês consigam avaliar por si mesmos se estamos fazendo investimentos racionais de longo prazo em termos de liderança.

- Trabalharemos arduamente para que nossos gastos sejam criteriosos e nossa cultura se mantenha enxuta. Entendemos a importância de reforçar sempre uma cultura consciente em termos de custos, em especial num negócio que incorre em prejuízos líquidos.
- Equilibraremos o foco no crescimento com a ênfase na rentabilidade a longo prazo e na gestão de capital. Neste estágio, escolhemos priorizar o crescimento porque acreditamos que a escala é fundamental para atingir o potencial de nosso modelo de negócios.
- Continuaremos dedicados a contratar e reter funcionários versáteis e talentosos, além de continuar adotando uma política de remuneração que privilegia opções de ações em oposição à remuneração monetária imediata. Sabemos que nosso sucesso depende em grande medida de nossa capacidade de atrair e reter uma base de funcionários motivados, sendo que cada um deles precisa pensar como – e efetivamente ser – dono do negócio.

Depois de ter prestado consultoria a milhares de empresas ao longo de mais de três décadas, eu diria que essas ideias se aplicam a negócios de todos os tipos e tamanhos, exigindo, no máximo, pequenos ajustes de acordo com as circunstâncias. Porém, esses princípios centrais são aplicáveis a *qualquer* empresa – uma verdadeira lição sobre crescimento para quem deseja construir um caminho como o da Amazon.

PROPOSTA

Aplicar um pensamento de longo prazo

P: Você tem uma lista de objetivos financeiros e estratégicos de longo (e *longuíssimo*) prazo para a sua empresa?

P: Sua equipe só é recompensada com base no desempenho trimestral ou anual, sem qualquer recompensa por ações que só trarão resultado no longo prazo?

P: Como você pode mudar as recompensas de curto prazo de modo a incentivar o pensamento de longo prazo?

Princípio 6:
Compreender seu *flywheel* – ou círculo virtuoso

Já investimos e vamos continuar investindo pesado para **expandir e alavancar** nossa base de clientes, nossa marca e infraestrutura à medida que estabelecemos uma empresa duradoura.

– Bezos, carta de 1997

O Marketplace é ótimo para os clientes porque agrega uma seleção ímpar, e é ótimo para os vendedores – existem mais de 70 mil empreendedores vendendo anualmente mais de 100 mil dólares pela Amazon e criando mais de 600 mil novos empregos. Com o FBA [Fulfillment by Amazon], **o *flywheel* gira mais rápido**, porque o estoque dos vendedores se torna elegível para o Amazon Prime – o Prime se torna mais valioso para seus membros e os vendedores vendem mais.

– Bezos, carta de 2015

No best-seller *Empresas feitas para vencer*, Jim Collins faz uma analogia com um dispositivo mecânico chamado *flywheel*, ou volante do motor, para demonstrar por que algumas empresas se destacam e outras, não. A conexão está entre o funcionamento do *flywheel* mecânico e o que faz as empresas criarem e manterem o impulso.

Num artigo escrito para a revista *Inc.*, Jeff Haden explicou:

> A premissa do *flywheel* é simples. Trata-se de uma roda extremamente pesada, que exige um enorme esforço para ser empurrada. Continue a empurrá-la que ela ganhará impulso. Continue a empurrá-la ainda mais e, em algum momento, a roda começará a contribuir para o próprio giro, gerando o próprio impulso – e é nesse ponto que boas empresas se tornam excepcionais.[20]

Para ilustrar de forma bem simplificada o que seria um *flywheel*, pense em como aquelas portas giratórias de grandes edifícios funcionam. Quando entramos numa porta dessas que está parada, é preciso *muito* esforço para fazê-la se mover. Às vezes, crianças e pessoas mais baixas precisam empurrá-la com todo o peso do corpo só para ela começar a girar.

No entanto, quando a porta já está em movimento e ganhando impulso, é preciso muito menos esforço para que ela continue girando. Até crianças pequenas conseguem fazer isso com pouquíssimo esforço – um feito que elas adoram demonstrar, girando e girando repetidas vezes e saindo do mesmo lado em que entraram.

O princípio do *flywheel* de Collins se baseia nessa mesma dinâmica.

Nos negócios, pense numa engrenagem com raios à sua volta. Cada um desses raios agrega força para fazer girar o *flywheel* – uma atividade-chave que gera impulso à medida que você move seu negócio na direção desejada. Quanto mais atividades-chave forem realizadas, maior será a força aplicada ao seu *flywheel*, que, por fim, começa a girar, criando impulso para a empresa e fazendo com que seja mais difícil pará-la.

A essência desse conceito é que, antes de tudo, as empresas precisam entender em qual direção querem seguir. Em seguida, elas precisam entender quais atividades estão alinhadas com esse objetivo e podem funcionar como os raios de um *flywheel*. Para isso, todas as atividades têm que empurrar o negócio na mesma direção.

Por exemplo, na sua vida pessoal, uma boa alimentação e exercícios poderiam ser dois raios num *flywheel* de perda de peso. Quanto melhor sua alimentação e mais exercícios fizer, mais rápido seu *flywheel* vai girar. Quanto mais impulso você gerar nesse programa de perda de peso, mais difícil será fazê-lo parar de perder peso.

Estruturar o seu negócio utilizando esse conceito ajuda as empresas a pensar no longo prazo e selecionar as atividades com base nos principais objetivos de seu *flywheel*. Ou a companhia corre o risco de perder tempo e dinheiro em atividades que podem até trazer resultado a curto prazo, mas não ajudam a criar ou manter seu impulso principal.

Pouco antes de Collins publicar seu livro, em 2001, Bezos o convidou para ir até a Amazon. Queria que ele o ajudasse a entender o *flywheel* da empresa e identificar quais atividades o ajudavam a girar. Aqui está a imagem do *flywheel* da Amazon:

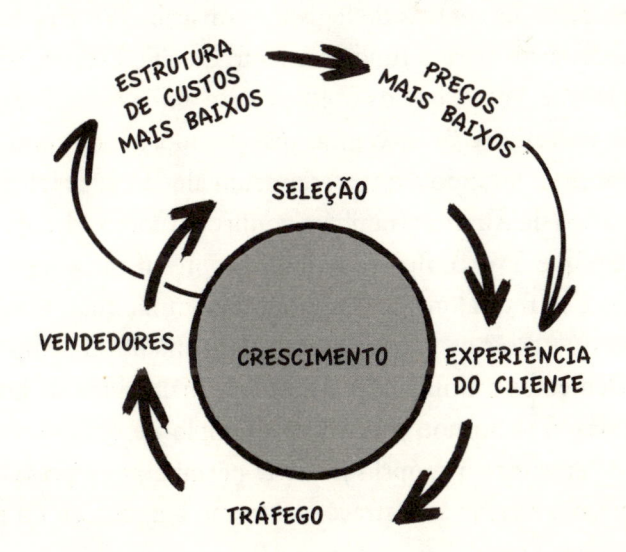

Como você pode ver, o crescimento foi identificado como objetivo principal da empresa – bem no centro –, enquanto as atividades na parte de fora são as seis coisas que a Amazon acredita que fazem seu *flywheel* girar. Em outras palavras, se a empresa melhorar regularmente nessas seis áreas, estará exercendo uma pressão contínua em seu *flywheel* (e não importa o ponto de partida):

1. Maior seleção e conveniência
2. Experiência do cliente
3. Tráfego no site
4. Número de vendedores
5. Estrutura de custos mais baixos
6. Preços mais baixos

Esse esboço original mostra que preços mais baixos levam a mais visitas de clientes. Com mais clientes, o volume de vendas aumenta, atraindo para o site mais vendedores independentes, que pagam comissão. Isso permite que a Amazon dilua seus custos fixos, como os centros de logística e distribuição e os servidores necessários para o funcionamento do site. Essa eficiência maior permite, então, que os preços caiam ainda mais. Fazendo qualquer parte desse *flywheel* girar mais rápido, o loop como um todo se acelera, levando a um crescimento ainda mais rápido.

O *flywheel* da Amazon (também conhecido como "círculo virtuoso", em que uma complexa rede de acontecimentos reforça a si mesma e se retroalimenta em looping) definiu quais eram os elementos necessários para acelerar o crescimento da empresa, e esses elementos continuam praticamente inalterados até hoje.

A Amazon se tornou um ótimo exemplo de como a capacidade de entender o próprio *flywheel* permite às empresas gerar impulso e resistir às distrações. Mesmo a aquisição da rede

Whole Foods, em 2017, se encaixa no modelo da Amazon. Brian Olsavsky, CFO da empresa, a explicou numa teleconferência da Amazon para tratar de seus resultados:

> Vemos muitas oportunidades na aquisição da Whole Foods. Como já disse, vai haver muito trabalho conjunto entre o Prime Now, o AmazonFresh, a Whole Foods, os produtos da Whole Foods no site da Amazon e os Amazon Lockers nas lojas da Whole Foods. Portanto, haverá muita integração, muitos pontos de contato e bastante trabalho conjunto à medida que avançarmos. Também acreditamos que vamos desenvolver novos formatos de lojas, exatamente como falamos no passado, antes da Whole Foods: lojas Amazon Books, Amazon Go e a oportunidade apresentada por essa tecnologia. Temos livrarias nos campi.
>
> Então, estamos experimentando com diversos formatos. Acredito que a Whole Foods nos dá uma ampla vantagem nesse sentido e uma grande base, além de uma excelente equipe de trabalho, cheia de história – eles provavelmente têm de dez a vinte anos de conhecimento que nós não temos nem teríamos. Estamos muito animados com as perspectivas, e o trabalho conjunto trará nossos diferentes pontos fortes à tona, nos permitindo criar valor em benefício do cliente.[21]

Não é preciso ir muito longe para ver que a aquisição da Whole Foods ajudou a Amazon a imprimir mais força para girar seu *flywheel* de crescimento ainda mais depressa.

Olsavsky deixou claro que a Amazon enxergava a aquisição da Whole Foods como uma ótima maneira de aumentar a seleção de produtos no site e oferecer uma experiência de entrega melhor para as pessoas que não querem receber pacotes em seu endereço residencial; para isso, eles passaram a instalar armários para entrega, os Amazon Lockers, nas lojas da Whole Foods. Além disso, depois de assumir o negócio, a Amazon reduziu bastante os preços na rede de mercados, que antes era considerada careira.

Outra forma de pensar no *flywheel* é que ele pode servir como "fator de decisão", oferecendo alguns filtros que ajudam a avaliar onde e como concentrar seus recursos.

Usando como exemplo a Amazon, se a empresa se vê diante de uma atividade lucrativa, em primeiro lugar precisa se perguntar se a oportunidade vai beneficiar uma ou mais das seis áreas que integram seu *flywheel*. Em caso positivo, vale a pena aprofundar a avaliação. Do contrário, será, na melhor das hipóteses, uma distração.

Quando aplicada ao mundo dos negócios, a ideia do *flywheel* é relativamente simples: entendê-la faz você concentrar tempo e esforço nas atividades que ajudam a criar impulso na direção desejada.

Quanto mais alinhadas estiverem as atividades de seu *flywheel*, maior será a capacidade de construir um loop que se retroalimenta e mais impulso você ganhará com cada atividade realizada enquanto seu negócio vai crescendo *mais rápido*.

Como explicou Jim Collins, esse é o momento em que as boas empresas de fato decolam, tornando-se *excepcionais*.

Como os benefícios do Prime foram projetados para fazer o *flywheel* da Amazon girar

Outro exemplo de como a Amazon constrói seu negócio para fazer girar seu *flywheel* é o crescimento do Amazon Prime, que começou bem simples, mas já cresceu muito e hoje inclui vários raios da roda da empresa.

Em 2004, a Amazon lançou o programa Prime, que incluía frete grátis, rápido e ilimitado. Bezos foi alertado inúmeras vezes de que era uma ideia arriscada, mas ele tinha plena noção de que o programa iria aperfeiçoar a experiência do cliente, atrair mais tráfego e agregar mais conveniência – três elementos do *flywheel* da empresa.

Foi um investimento alto, mas a Amazon já tinha visto os resultados positivos do Super Saver Shipping e sabia que poderia gerar ainda mais impulso deixando o frete mais conveniente por um pequeno valor. Na carta de 2014, Bezos contou que um analista tinha previsto que a Amazon conseguiria baixar significativamente os custos da entrega rápida se ganhasse escala.

A grande aposta deu resultado, e o *flywheel* da empresa – projetado especificamente para o crescimento de longo prazo – passou a girar cada vez mais rápido. Conforme a Amazon crescia, crescia também sua capacidade de oferecer aos membros do programa Prime outros recursos, como música, streaming de vídeo, armazenamento de fotos, a possibilidade de pegar emprestados livros pelo Kindle e muito mais.

> Percebam também o que acontece da perspectiva dos membros do programa Prime. Sempre que um vendedor passa a integrar o FBA [Fulfillment by Amazon], os membros do Prime se beneficiam de uma maior seleção de produtos. Cria-se mais valor para quem é membro do programa, o que é excelente para o nosso *flywheel*. O FBA completa o ciclo: o Marketplace impulsiona o Prime, e o Prime impulsiona o Marketplace.
>
> – Bezos, carta de 2014

Em outras palavras, as funcionalidades do programa Prime original ajudaram a Amazon a crescer. Esse crescimento, por sua vez, ajudou a Amazon a agregar *ainda mais* funcionalidades ao Prime. Os novos recursos aumentaram a conveniência e a seleção e melhoraram a experiência dos clientes, além de oferecer outras vantagens aos assinantes. Assim, o *flywheel* passou a girar cada vez mais rápido, criando um loop retroalimentado de benefícios para a empresa e seus clientes.

Como entender o seu *flywheel*

Para construir seu *flywheel*, vale a pena recorrer ao livro de Collins *Empresas feitas para vencer*, já mencionado, e a um estudo seu de 2019 intitulado *Vencedoras por opção*.

No site em que apresenta o estudo, Collins pede aos leitores que tentem identificar seu *flywheel* por meio das seguintes perguntas:[22]

- O que faz o seu *flywheel* girar?
- Quais são os componentes do seu *flywheel*?
- Qual é a sequência do seu *flywheel*?

É provável que o seu *flywheel* seja diferente do da Amazon, mas o conceito funciona para qualquer empresa. Um fornecedor de artigos de luxo, por exemplo, não terá o componente "preços mais baixos"; talvez apareça em seu *flywheel* algo como "maior poder de compra para materiais de qualidade", um elemento essencial para a rentabilidade desse tipo de negócio.

Por isso é importante identificar o que é relevante para a *sua* empresa.

Para que seu *flywheel* funcione, ele precisa ser pensado com base num objetivo específico do seu negócio. O da Amazon foi concebido para ajudá-la a crescer. Se o seu também tiver esse objetivo, o que o faz girar? Quais são seus componentes-chave? Eles trabalham em conjunto, numa sequência com o potencial de criar um loop que se retroalimenta?

O conceito de *flywheel* pode ajudar a trazer clareza e guiar a estratégia de qualquer negócio, em qualquer ramo. Ele ajuda as organizações a entender quais riscos valem a pena e quais oportunidades agarrar. Ao filtrar suas decisões usando o *flywheel* e concentrar os recursos nas atividades que o fazem girar na direção do objetivo de seu negócio, você ganhará impulso e poderá crescer como a Amazon.

> **PROPOSTA**
>
> **Compreender seu *flywheel* – ou círculo virtuoso**
>
> P: O que está no centro do *flywheel* da sua empresa?
>
> P: Quais são as atividades ou fatores-chave que fazem seu *flywheel* girar?
>
> P: De que forma esses fatores reforçam uns aos outros, fazendo seu *flywheel* girar ainda mais rápido?

Ciclo de crescimento: Acelerar

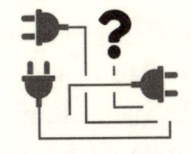

Agilizar a tomada de decisões

Simplificar o que é complexo

Acelerar o tempo por meio da tecnologia

Promover a atitude de dono

Para a Amazon, acelerar significa pegar alguma coisa que já foi testada e construída e então potencializar seu crescimento. Isso envolve tomar decisões o mais rápido possível para impulsionar uma iniciativa que já foi devidamente analisada.

Além disso, é preciso simplificar tudo ao máximo para eliminar quaisquer pontos de atrito entre a iniciativa e o mercado. Também é imprescindível usar a tecnologia de modo criativo para se mover com agilidade.

Depois de assumir riscos estratégicos e obter as respostas que justificam seguir em frente (seja em hardware, software, produto, expansão de negócios, seja o que for), é fundamental aproveitar a tecnologia para maximizar seus esforços.

E se a ideia é alcançar os melhores resultados possíveis, é indispensável ter uma equipe apaixonada em torno de cada iniciativa. Acelerar torna a Amazon uma empresa extremamente ágil e dinâmica.

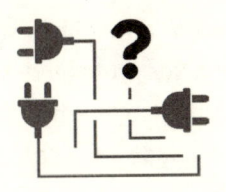

Princípio 7:
Agilizar a tomada de decisões

A equipe sênior da Amazon está determinada a manter um ritmo acelerado na tomada de decisões. Nos negócios, a velocidade importa – e, além disso, um ambiente de **rápida tomada de decisões** é mais divertido também.

– Bezos, carta de 2016

Embora eu nunca tenha conhecido Jeff Bezos pessoalmente, acho que posso afirmar com segurança que ele *detesta* perder tempo.

E se há uma área em que muitas empresas acabam ficando atoladas é na tomada de decisões. Em geral, quanto maior a empresa, mais demoradas são as decisões (mesmo as menos importantes).

Bezos sabe que é preciso adotar tanto uma *filosofia* quanto uma *metodologia* para que o processo de tomada de decisões seja mais eficiente.

Depois de testar e construir, um negócio está pronto para acelerar. Contudo, Bezos ressalta que a meta de atingir um crescimento significativo pode ficar comprometida – ou sair completamente dos trilhos – se as pessoas não souberem tomar decisões. Nas palavras dele:

Via de regra, mesmo grandes organizações de alto desempenho

podem se ver presas em armadilhas sutis e, como instituição, precisamos aprender a nos proteger dessas armadilhas. Uma dificuldade muito comum para as empresas grandes – que mata a velocidade e a inventividade – é a abordagem única em relação à tomada de decisões.

Algumas decisões têm graves consequências e são irreversíveis ou quase – como portas que só abrem de um lado –, então precisam ser tomadas de forma metódica, cuidadosa, lenta, com muita deliberação e consulta. Se você decide entrar e não gosta do que vê do outro lado, não é possível voltar para onde estava antes. Chamamos essas decisões de Tipo 1.

Mas a maior parte das decisões não é assim – podem ser modificadas, revertidas: são portas que abrem dos dois lados. Se você tomou uma decisão não tão boa de Tipo 2, não terá que conviver com as consequências para sempre. Dá para abrir a porta e voltar atrás. Decisões de Tipo 2 podem – e devem – ser tomadas com rapidez, por indivíduos ou pequenos grupos capacitados.

À medida que as organizações vão crescendo, parece haver uma tendência a usar o processo mais demorado de tomada de decisões de Tipo 1 na maioria das vezes, inclusive em muitas de Tipo 2. O resultado final é lentidão, aversão pouco sensata ao risco, incapacidade de experimentar o suficiente e, como consequência, menos espaço para a invenção.

– Bezos, carta de 2015

A estratégia de Bezos quanto à tomada de decisões começa por reconhecer que nem todas as decisões devem ser tratadas da mesma forma. Quando se age assim, perde-se tempo e aumentam os riscos inesperados. Para tomar decisões de forma rápida e maximizar o retorno sobre o risco, o primeiro passo é estar ciente do tipo de decisão que se tem à frente.

Hoje, com o ritmo acelerado da economia, os negócios não podem se dar ao luxo de levar muito tempo para tomar as decisões, como faziam alguns anos atrás. Eis a armadilha: ou as empresas ficam paralisadas e não conseguem decidir, ou se apressam para tomar decisões importantes e acabam expostas a riscos desnecessários.

Bezos resolve o dilema articulando dois tipos de decisão:

1. **Decisões de Tipo 1** são as mais importantes, que implicam graves consequências e não permitem que se volte atrás.
2. **Decisões de Tipo 2** são aquelas que podem ser mudadas ou revertidas sem que isso seja considerado o fim do mundo.

Bezos sabe que, em geral, as falhas não são fatais nem as decisões, irreversíveis. Por isso, ele incentiva as pessoas a tomar decisões depressa, entendendo que a maioria delas é de Tipo 2.

Nós não temos todas as respostas, mas eis aqui algumas reflexões.

Em primeiro lugar, nunca adote uma abordagem única quanto à tomada de decisões. Muitas são reversíveis, portas que abrem para os dois lados, e nesses casos o processo pode ser mais ágil. Qual o problema se você estiver errado?

Em segundo lugar, a maioria das decisões precisa ser tomada com algo em torno de 70% das informações que você gostaria de ter. Se esperar para ter 90%, o mais provável é que você seja lento demais. Além disso, seja como for, é preciso saber reconhecer e corrigir depressa as decisões ruins. Se você for bom em correção de curso, estar errado pode ser menos custoso do que parece, ao passo que ser lento certamente vai custar caro.

Em terceiro lugar, use a expressão "discordar e se comprometer". Ela pode economizar muito tempo. Caso você esteja convicto de uma direção específica, mesmo que não haja consenso, é útil dizer o seguinte: "Sei que discordamos nesse ponto, mas você está disposto a fazer uma aposta comigo? Discordar e se comprometer?" Quando se chega a esse estágio, ninguém sabe ao certo a resposta, e o mais provável é que você logo consiga um "sim".

– Bezos, carta de 2016

Como já vimos, Bezos está disposto a correr o risco de uma decisão se mostrar "errada" se isso significar mais agilidade na tomada de decisões menos importantes.

Ele ressalta que muitas empresas desaceleram à medida que vão crescendo. Embora seja natural que os líderes queiram garantir que as decisões sejam tomadas com cautela para proteger o que construíram, eles muitas vezes acabam se prejudicando ao tratar todas as decisões como se fossem de Tipo 1.

O que torna possível a tomada rápida de decisões dentro da Amazon é o fato de Bezos ter construído uma empresa na qual os mais de 600 mil funcionários são autorizados e incentivados a agir rápido quando se veem diante de decisões de Tipo 2.

Em outras palavras, bons líderes sabem tomar decisões – e, na Amazon, espera-se que todos sejam "líderes", não importa o cargo que ocupem. Eles sabem a diferença entre decisões de Tipo 1 e decisões de Tipo 2, e dedicam o tempo e o esforço apropriados a cada uma delas. Além disso, os amazonianos se sentem convidados a verbalizar a própria opinião e respeitam as decisões de seus pares, mesmo quando discordam delas.

Princípio de liderança da Amazon – Ser firme, discordar e se comprometer: Líderes são obrigados a desafiar respeitosamente as decisões das quais discordam, mesmo que isso seja incômodo ou muito cansativo. Líderes têm convicção e são obstinados.

Eles não cedem em prol da coesão social. Depois que uma decisão é tomada, comprometem-se por inteiro.

O ponto-chave aqui é que na Amazon nem todos precisam concordar para que uma decisão seja tomada. Bezos não exige unanimidade; em vez disso, ele enfatiza a importância do comprometimento quando uma decisão é tomada. A companhia se empenha em fazer com que essa filosofia penetre em todos os aspectos da cultura da empresa.

Como acelerar o crescimento tomando decisões rápidas

A Amazon deixa claro que a tomada rápida de decisões começa com a construção de uma cultura que aceita pequenas falhas e pratica a invenção e a inovação dinâmicas. Vale lembrar que o primeiro Princípio de crescimento que vimos mostra que a Amazon "incentiva o fracasso bem-sucedido", o que permite que os funcionários assumam pequenos riscos e avaliem o que deu errado com o intuito de transformar o fracasso em sucessos futuros.

A empresa pratica a invenção e a inovação dinâmicas, criando um ambiente de experimentação. É um princípio semelhante à antiga máxima dos esportes de que "a melhor defesa é o ataque". Apostar em grandes ideias é o "ataque" que compensa todas as pequenas ideias que não deram certo. No caso da Amazon, umas poucas ideias geram bilhões de dólares por ano. Assim, os funcionários podem seguir em frente com suas iniciativas, mesmo sem a certeza de que vão funcionar.

Como esses princípios levam à rápida tomada de decisões?

Com a cultura do "fracasso bem-sucedido", funcionários de todos os níveis se sentem mais à vontade para tomar decisões de Tipo 2 – pois, sem o medo constante de falhar, eles conseguem tomar essas decisões com muita agilidade. Ao mesmo tempo, o imperativo de "praticar invenção e inovação dinâmicas" cria um ambiente em que os membros da equipe ficam tão ávidos por implementar as ideias que não querem debatê-las eternamente.

Princípio de liderança da Amazon – Ter iniciativa: A velocidade importa nos negócios. Muitas decisões e ações são reversíveis e não precisam de análise aprofundada. Nós valorizamos a tomada de decisão com risco calculado.

Em primeiro lugar, os líderes precisam treinar sua equipe para que ela seja capaz de avaliar uma decisão e agir com rapidez. Antes de mais nada, eles precisam explicar o que são decisões de Tipo 1 e decisões de Tipo 2.

O segundo passo é falar sobre o processo de tomada de decisões para os dois casos, ajudando-os a delimitar as diferenças.

Em terceiro lugar, devem lembrar a todos os membros da equipe o propósito e a cultura que a empresa pretende alcançar.

Muitas vezes, decisões de Tipo 1 são irreversíveis. Bezos as compara a "portas que só abrem de um lado". Vender ou não vender sua empresa provavelmente é uma decisão de Tipo 1. Não se pode revertê-la com facilidade; talvez seja mesmo impossível voltar atrás. Largar seu emprego sem ter outro emprego em vista também se encaixa nessa categoria. Tampouco é fácil reverter essa decisão, e isso pode trazer graves consequências.

Decisões de Tipo 2 em geral são reversíveis, mesmo que seja difícil. Como diz Bezos, são "portas que abrem para os dois lados". Começar um negócio paralelo para complementar sua renda pode ser facilmente revertido se não der certo. No caso das empresas, bons exemplos seriam a oferta de um novo serviço ou a adoção de novas estruturas de preços. Se essas iniciativas não derem certo, podem ser revistas.

Enfatizar para os funcionários o propósito maior da empresa (no caso da Amazon, a obsessão pelo cliente) ajuda a estabelecer uma cultura de "mais liberdade para arriscar", oferecendo a toda a equipe maior independência para tomar decisões com agilidade e segurança.

Depois de capacitar os funcionários a avaliar e implementar ações com base no tipo de decisão que eles têm diante de si, não é incomum descobrir que as equipes estão gastando menos, assumindo riscos menores e mais sensatos e alcançando resultados muito melhores. Funcionários com autonomia para tomar decisões de Tipo 2 se tornam mais eficientes em suas funções.

Que fique claro: *não* estou sugerindo que você tolere falhas idiotas ou recorrentes. O que sugiro é que tenha uma tendência a agir quando as decisões envolverem riscos pequenos e prejuízos limitados.

É isso que Bezos prega e ensina à sua equipe na Amazon. Se as coisas não derem certo, aprenda com o que deu errado para poder agir melhor da próxima vez. Comece devagar. Explique que eles precisarão saber justificar suas decisões, mas que você confia neles para decidir o que é melhor e mudar de direção se descobrirem que há outro caminho mais promissor.

O que a Amazon faz se alguém distorce o processo ou comete os mesmos erros de forma recorrente? Digamos que a empresa não tolera incompetência.

É por isso que a Amazon dá tanto valor a contratar as pessoas *certas*. Mesmo elas, porém, cometem erros. Todo mundo erra. A Amazon sabe disso e quer que seus funcionários aprendam a assumir riscos mais sensatos para limitar o potencial nefasto dos erros. Nas entrevistas de emprego, eles sempre perguntam aos candidatos sobre seus "fracassos".

A verdade é que os negócios que serão mais bem-sucedidos na tomada rápida de decisões precisam saber do seguinte antes de agir:

- Para onde estão indo.
- Os tipos e níveis de risco necessários para chegar lá.
- Que os riscos são ativos e podem ser considerados investimentos no futuro da empresa.
- Que assumir os tipos e níveis certos de risco maximiza o retorno sobre o risco e reduz o impacto do que porventura não der certo.

A rápida tomada de decisões é um processo dinâmico. Cada empresa terá um padrão diferente no que diz respeito à velocidade mais adequada à sua cultura específica. Até mesmo dentro de uma mesma organização pode haver um padrão mais geral e padrões secundários no nível "micro", variando de departamento para departamento ou de indivíduo para indivíduo.

A rápida tomada de decisões não é um "decreto" a ser promulgado, mas uma estratégia global de crescimento a ser adotada.

Se você estiver com dificuldade para distinguir as decisões de Tipo 1 e Tipo 2, basta pensar da seguinte forma:

- Em geral, as decisões de Tipo 1 são mais *estratégicas*, e as de Tipo 2 tendem a ser mais *operacionais*.
- As decisões de Tipo 1 costumam envolver mudanças no *que* você está fazendo, enquanto as de Tipo 2 estão mais relacionadas a *como* fazer.

Bezos acredita que ambos os tipos são importantes e espera que todos os funcionários da Amazon estejam sempre atentos a essas diferenças.

Cada empresa precisa definir o que são decisões de Tipo 1 e de Tipo 2 em seu contexto específico. Trata-se de identificar quais decisões são facilmente reversíveis (Tipo 2) e, na dúvida, adotar o padrão de decidir depressa.

A metodologia de Bezos: narrativa de seis páginas

Na Amazon, uma metodologia contraintuitiva para a rápida tomada de decisões é a exigência de Bezos de que os funcionários elaborem um memorando de seis páginas antes de toda reunião em que alguma decisão será tomada. Embora a elaboração desses memorandos (e a leitura de todos eles no início da reunião) deixe as coisas mais lentas, na verdade "diminuir o ritmo para depois acelerar" é uma estratégia muito efetiva.

Claro, a velocidade na tomada de decisões é crucial. Porém agir com o máximo de minúcia e embasamento é *vital* para o crescimento dos negócios, em especial quando se trata de decisões de Tipo 1.

Por isso, na outra ponta da escala de alta velocidade da Amazon está a narrativa de seis páginas, que intencionalmente diminui o ritmo da tomada de decisões. Esse memorando deve ser escrito como uma "história" para demonstrar o processo de reflexão envolvido em todas as novas ideias. Assim, narra-se a ideia ou o projeto como uma conversa com alguém para explicar o que está por trás do que você pensou. Quando as pessoas falam umas com as outras, não usam tópicos. A narrativa deve ser descritiva e poder ser lida como um livro, não como um gráfico de pizza (mas pode haver apêndices com dados e informações de apoio).

A narrativa de seis páginas é o primeiro passo no processo de "investigação". A pauta pode ser a criação de um novo produto, uma mudança de direção ou a definição de um novo processo. Em qualquer um dos casos, assumir riscos não é brincadeira. Todas as novas ideias são analisadas de forma muito consciente.

Uma das características do memorando de seis páginas é a exigência de que, de acordo com a visão mais ampla de Jeff Bezos, o autor faça uma projeção para o futuro. Há uma mudança de perspectiva: se trata de pensar não "se der certo", mas "quando der certo, vai acontecer x". Isso implica uma mudança de mentalidade. As consequências, tanto as positivas quanto as negativas, são pensadas de antemão.

Decisões de Tipo 1 não são tomadas de qualquer jeito. O processo envolvendo a narrativa de seis páginas garante que todos estejam muito bem informados antes de uma ideia ser aprovada para mais testes e recursos (havendo justificativa para isso). Em geral, com o processo de reflexão que a escrita exige, as ideias são detalhadas e aperfeiçoadas – e isso garante que elas sejam boas antes de receberem "sinal verde". A Amazon também costuma pedir a seus funcionários que descubram como colocar as ideias em prática sem qualquer aporte de recursos financeiros – o auge da criatividade.

Na maioria das reuniões, há sempre algum tipo de "memorando"; decisões mais importantes possivelmente envolvem seis páginas completas, enquanto para decisões de menor relevância bastam uma ou duas páginas. O ponto é: ninguém vai a uma reunião sem ter pensado exaustivamente nos detalhes.

Com o memorando de seis páginas, todos falam a mesma língua, e, embora escrevê-lo possa ser mais difícil do que criar alguns slides no PowerPoint ou uma lista de tópicos, a iniciativa obriga os funcionários a esclarecer sua linha de raciocínio.

Se a ideia não der certo, é possível voltar à narrativa inicial e ver o que a equipe pode ter deixado passar. As seis páginas criam ao mesmo tempo o "briefing" e a necessidade de acompanhamento da sua execução.

> Na Amazon, não fazemos apresentações em PowerPoint (ou qualquer outro programa que use slides). Em vez disso, escrevemos memorandos de seis páginas na forma de narrativas. Lemos esse material silenciosamente no começo das reuniões, como numa espécie de "sala de estudos". Não é de surpreender que a qualida-

de varie muito. Alguns são de uma clareza impressionante: inteligentes e bem fundamentados, levam para a reunião discussões de alto nível. Em outros, acontece justamente o contrário.

Tomando como exemplo uma parada de mão, é muito fácil *reconhecer* a excelência. Não seria difícil explicar em detalhes como uma pessoa pode se equilibrar bem de ponta-cabeça, e não existe meio-termo: ou o movimento é executado com sucesso, ou não. O exemplo da escrita é muito diferente. A diferença entre um ótimo memorando e um memorando mediano é muito mais fluida. Seria extremamente difícil explicar o que torna um memorando excelente. No entanto, creio que na maioria das vezes a reação de quem lê um memorando assim é bem similar. As pessoas sabem quando estão diante de um texto de qualidade. A excelência está lá, é real, ainda que não seja fácil de descrever.

Eis o que nós descobrimos. Em geral, quando um memorando não é incrível, o problema não é a incapacidade do autor de *reconhecer* o que seria a excelência, mas uma expectativa errada quanto ao *escopo*: equivocadamente, as pessoas pensam que um memorando excelente de seis páginas pode ser escrito em um ou dois dias, ou mesmo em algumas horas, quando na verdade deve levar uma semana ou mais! Os melhores memorandos são escritos e reescritos, compartilhados com colegas que ajudam a aprimorar o texto, são deixados de lado por alguns dias e só então editados novamente, com a cabeça fresca. É impossível escrevê-los em um ou dois dias. O ponto principal é que é possível melhorar os resultados com o simples ato de ensinar o que é escopo – que um excelente memorando provavelmente leva uma semana ou mais para ser escrito.

(Um comentário adicional: na Amazon, temos a tradição de nunca incluir o nome do autor nos memorandos – o texto é assinado por toda a equipe.)

– Bezos, carta de 2017

Como Bezos ressaltou, escrever uma narrativa de seis páginas não é um esforço solitário, mas sim um processo colaborativo. Quanto mais elevada for sua posição dentro da empresa, maior a probabilidade de que haja outras pessoas trabalhando na narrativa com você. Em geral, os executivos passam uma semana ou mais compartilhando o documento com colegas, recebendo feedback, aperfeiçoando e ajustando o texto, até que todos os aspectos possíveis tenham sido profundamente ponderados. (Uma das piores coisas que pode acontecer em sua carreira dentro da Amazon é apresentar uma narrativa mal redigida para diretores da companhia.)

Como benefício adicional, com o esforço necessário para criar um memorando de seis páginas excelente, reduz-se muito o número de reuniões. Basta pensar no seguinte: se os funcionários precisam passar uma semana escrevendo um texto, não vão sair mandando convites para reuniões sempre que der na telha. Além disso, as reuniões não incluem muita gente; a política da empresa limita os participantes a apenas aqueles que tenham necessidade direta de estar presentes. (Bezos ainda criou a "regra das duas pizzas": cada reunião só pode ter, no máximo, um número de pessoas que dê para alimentar com duas pizzas.)

As reuniões começam com meia hora de silêncio, quando todos leem o memorando completo. Depois, pede-se aos participantes que compartilhem suas primeiras impressões – líderes seniores costumam falar por último –, e então todos se debruçam sobre o que pode estar faltando, fazem perguntas pertinentes e analisam quaisquer questões que possam surgir.

Com certeza recomendo a iniciativa do memorando no lugar do PowerPoint. Nós lemos os memorandos na reunião porque, se não fosse assim, os executivos fariam como alunos do ensino médio, fingindo ter lido quando na verdade não leram uma

linha. Somos muito ocupados. Então é preciso arrumar tempo para ler os memorandos, e é para isso que serve a primeira meia hora de reunião: todos de fato leem o texto em vez de fingirem ter lido. Funciona muito bem.
– Fórum de Liderança de 2018, "Closing Conversation with Jeff Bezos", George W. Bush Presidential Center[23]

Podemos ter um vislumbre de como esse processo funciona para Brad Porter, vice-presidente de robótica da Amazon:

> Imagine por um momento que você pudesse ir a uma reunião em que todo mundo conheceria profundamente o contexto do assunto a ser discutido. Seriam pessoas muito bem informadas sobre os dados cruciais para o seu negócio. Imagine que todos entendessem os princípios fundamentais que você adota e internalizassem a maneira como você os aplica em suas decisões.
>
> Não seria incrível se você não fosse o tempo todo interrompido por pessoas pedindo esclarecimentos? Não seria ótimo se as decisões na reunião não se pautassem pelo networking que acontece antes? Não seria uma maravilha se os executivos entendessem a sua organização a partir da sua perspectiva antes de afirmarem que conseguem fazer melhor? Não seria também uma maravilha poder revisar os dados principais referentes a uma decisão em vez de alguém resumir a questão afirmando que correlação é causalidade, sem revelar o próprio trabalho?
>
> Na Amazon, as reuniões são assim, e é mágico.[24]

Componentes da narrativa de seis páginas

Sandy Carter, vice-presidente do Amazon Web Services, falou sobre o memorando de seis páginas numa apresentação on-line. Ela estava na Amazon havia pouco tempo e precisou aprender a escrever e estruturar o memorando. Carter fez uma lista dos itens que podem/devem ser incluídos (os comentários entre parênteses são meus).

Passo a passo para criar uma narrativa de seis páginas

1. Escreva o Press Release (É o comunicado à imprensa que você soltaria no futuro, quando o projeto fosse lançado, contando ao mundo sobre ele e explicando por que é importante.)
2. Escreva respostas para as perguntas mais frequentes (Responda com antecedência às perguntas que as pessoas sempre fazem.)
3. Defina a interação do usuário (Explique como funciona.)
4. Escreva o manual (Dê instruções sobre como funciona.)
5. Responda às seguintes perguntas:
   - Quem é o cliente?
   - Qual o problema ou a oportunidade que ele traz?
   - Qual é o benefício mais importante (e exclusivo) para o cliente? (Escolha apenas um, mas tenha certeza de que é o mais significativo.)
   - Como você sabe quais são as necessidades do cliente? (Justifique a razão de ser do projeto.)
   - Como é a experiência do cliente? (Antecipe a maneira como o cliente vai reagir e responder.)

Por que essa metodologia funciona tão bem na Amazon?

Na Amazon, essa estratégia de diminuir o ritmo, exigindo memorandos de seis páginas para as decisões maiores, e acelerar no caso de decisões de menor risco tem tido um sucesso inegável. Isso ajuda a empresa a crescer como um todo e avançar com muito mais agilidade no longo prazo. Por quê?

Em primeiro lugar, o formato narrativo do memorando de seis páginas obriga seu autor a refletir bastante e apresentar sua ideia contando uma história, o que faz com que os participantes da reunião se envolvam mais. Nosso cérebro está programado para apreciar e entender narrativas de um jeito diferente, em comparação com informações em estado bruto. No fim das contas, o objetivo do memorando é sempre comunicar bem a ideia e garantir que ela seja implementada com intenção correta e ponderação cuidadosa, levando em conta como se encaixa no *flywheel* da Amazon.

Além disso, quando *todo mundo* está autorizado a tomar decisões ágeis, de Tipo 2 (aquelas que não são irreversíveis), os responsáveis por tomar decisões de Tipo 1, que podem trazer graves consequências, ficam livres para se concentrar no que mais importa no panorama geral.

Como afirmou Bezos, uma das armadilhas em que as grandes empresas caem é não serem ágeis – e quanto mais a empresa cresce, mais demorada se torna a tomada de decisões (inclusive as menos importantes).

Resumindo: a lenta tomada de decisões possibilita a rápida tomada de decisões, e vice-versa.

Esse processo completo de tomada de decisões é o que ajuda a acelerar o crescimento da Amazon e manter o impulso de seu *flywheel*.

~

Nota: houve apenas uma ocasião em que Bezos fez referência a um documento separado que queria que os acionistas lessem. Foi na carta de 2005. É evidente que ele o achava importante o bastante para incluí-lo.

Nas palavras dele,

"The Structure of 'Unstructured' Decision Processes" ["A estrutura de processos 'não estruturados' de tomada de decisões"], de 1976, é um artigo fascinante de Henry Mintzberg, Duru Raisinghani e Andre Theoret. Eles analisam como as instituições tomam decisões estratégicas "não estruturadas" em oposição a decisões "operacionais" mais quantificáveis. Entre outras pérolas, eu destacaria o seguinte: **"A atenção excessiva por parte dos 'gurus da gestão' a decisões operacionais pode facilmente levar as organizações a seguir caminhos inadequados de forma mais eficiente."** Eles não estão debatendo a importância das análises rigorosas e quantitativas, mas apenas apontando que elas exigem uma quantidade desproporcional de estudo e atenção, provavelmente por conta do próprio fato de serem questões mais quantificáveis. O artigo completo está disponível em www.amazon.com/ir/mintzberg.

– Bezos, carta de 2005

PROPOSTA

Agilizar a tomada de decisões

P: Você tem algum mecanismo para distinguir entre decisões de Tipo 1 e decisões de Tipo 2? E todos na sua equipe entendem essa diferença?

P: Você tem algum sistema em vigor para tomar boas decisões de Tipo 1? (Qual a sua versão para o memorando de seis páginas?)

P: Você tem algum mecanismo em vigor para tomar decisões de Tipo 2 com agilidade?

Princípio 8:
Simplificar o que é complexo

O Kindle torna mais conveniente para os leitores comprar mais livros. Sempre que **simplifica** alguma coisa e **diminui a resistência**, você passa a comprar mais.

– Bezos, carta de 2007

Na véspera de Natal do ano passado, minha esposa e eu nos reunimos com nossa filha, nosso genro e quatro de nossos (encantadores) netos – de 5 anos, 3 anos, 1 ano e meio e o mais novinho, recém-nascido – na casa deles em Pittsburgh. A família do meu genro também participou da ceia, então havia um número considerável de presentes para abrir. No fim da noite, o chão estava tomado de caminhões, dinossauros, livros, quebra-cabeças e papel de embrulho. Em meio a toda aquela diversão, os adultos penavam com tesouras e canivetes para abrir os brinquedos embalados em plástico duro, "à prova de crianças".

As crianças estavam ansiosas para brincar com os presentes, enquanto os adultos, aflitos, tentavam abri-los a todo custo, cuidando para não furar o olho de ninguém nem cortar o dedo. Embora fosse um momento de diversão, a tentativa de tirar os brinquedos das caixas era muito estressante – com exceção dos brinquedos comprados pela Amazon, que foram entregues segundo as normas de embalagem Frustration-Free Packaging.

Por que a maioria dos fabricantes não faz nada quanto à insatisfação de seus clientes em relação às embalagens?

Há duas razões principais: nas prateleiras, as embalagens ajudam a vender os produtos (visibilidade) e os protegem até eles serem vendidos. Tirá-los da embalagem não é "problema" dos fabricantes; eles só precisam garantir que o item esteja visível e intacto após a compra.

No caso dos brinquedos, em particular, é uma tentação para as crianças ver seus super-heróis e princesas perfeitamente posicionados nos corredores das lojas ou dos mercados. (Muitas vezes, os pais precisam escolher entre aguentar os ataques de birra ou levar os brinquedos para casa. Como pai, confesso que em alguns momentos já parti para a segunda opção.)

Só que a Amazon não tem prateleiras nem corredores, e sim *listas*.

A empresa não precisa de produtos perfeitamente posicionados. Para vendê-los, ela conta com imagens, vídeos, descrições e avaliações dos clientes. Os clientes não ficam andando de lá para cá pelos corredores; há listas de produtos que podem ser roladas para cima e para baixo, além de espaço ilimitado para imagens e vídeos.

No início, quando os clientes compravam da Amazon em vez de ir a lojas físicas tradicionais, eles ficavam frustrados ao tentar abrir pacotes projetados para esse tipo de estabelecimento.

Então, em 2008, Bezos e sua equipe acharam que estava na hora de resolver essa questão: eles decidiram acabar com a insatisfação gerada pelo "jeito tradicional e complicado de fazer as coisas" e o substituíram por uma forma mais eficiente (e simples) de embalar os produtos.

Chamada de Frustration-Free Packaging, a ideia era que a

Amazon trabalhasse com os fabricantes para criar embalagens especiais, "exclusivas da Amazon", para os itens vendidos pela empresa. As embalagens precisavam ser recicláveis e fáceis de abrir. Nada de torcer de um lado a outro. Nada de tesouras. Nada de elásticos. Bastava de insatisfação, suor e lágrimas.

Essa ideia permitia aos clientes escolher se queriam as embalagens tradicionais ou se queriam aderir ao padrão Frustration-Free Packaging. Se você encomendasse, por exemplo, um presente e quisesse deixar bem claro ao destinatário que o produto era novo, podia selecionar a embalagem tradicional na hora de fechar o pedido. Por outro lado, se não tivesse motivo para isso, podia solicitar o Frustration-Free Packaging e desfrutar de festas mais felizes.

Caso você já tenha enfrentado algo parecido com o que vivemos no Natal passado, a escolha pelo Frustration-Free Packaging é sem dúvida a melhor. Mas o que torna essa opção tão boa também para a Amazon é que o serviço se alinha perfeitamente com a típica jornada do cliente na empresa – pedidos on-line fáceis e descomplicados.

Resolver as frustrações dos clientes dá resultado.

Cinco anos depois, o Frustration-Free Packaging se tornara um sucesso. Eis como Bezos descreveu a gênese e o crescimento do programa nesses primeiros cinco anos:

> Nossa batalha contra os irritantes arames e as embalagens de plástico duro continua de pé. Uma iniciativa que começou cinco anos atrás – com a simples ideia de que não fazia sentido correr o risco de se machucar para abrir eletrônicos ou brinquedos novos – acabou crescendo e passou a contemplar mais de 200 mil produtos, todos disponíveis em embalagens recicláveis e fáceis de abrir, pensadas para aliviar a "fúria dos embrulhos" e ajudar o planeta, reduzindo os resíduos de embalagens.

Temos mais de 2 mil fabricantes em nosso programa Frustration-Free Packaging, inclusive empresas como Fisher-Price, Mattel, Unilever, Belkin, Victorinox Swiss Army, Logitech e muitas outras. Já enviamos milhões de itens Frustration-Free para 175 países. Também reduzimos o desperdício para os clientes – até hoje, eliminamos 15 mil toneladas de excesso de embalagem.

Esse programa é o exemplo perfeito de uma equipe entusiasmada, que trabalha duro e com foco total em servir os clientes.

Depois de muita dedicação e perseverança, uma ideia que começou com apenas 19 produtos agora está disponível para centenas de milhares de itens, beneficiando milhões de clientes.

– Bezos, carta de 2013

Como se pode ver, o principal objetivo do programa Frustration-Free Packaging era aliviar uma das maiores fontes de irritação para os consumidores. Preciso admitir que os brinquedos que vieram da Amazon no Natal cumpriram exatamente essa função: nada de frustração.

Os fabricantes estão cada vez mais se dando conta de que o jeito antigo de projetar embalagens – pensado para ajudar os produtos a se destacarem entre centenas de outros nas prateleiras das lojas físicas – não funciona bem para os clientes que querem receber suas compras em casa.

A Amazon alega que seu Frustration-Free Packaging é mais sustentável, do tamanho certo e feito de materiais recicláveis. As embalagens são mais fáceis de abrir e reduzem os danos causados aos produtos durante o envio. É melhor para a Amazon, melhor para os clientes, melhor para o planeta. Eles conseguiram simplificar o que era complexo. Todo mundo sai ganhando.

A invenção do Kindle para simplificar o armazenamento e a portabilidade de livros

Se olharmos para os bastidores dos leitores digitais, o Kindle é uma prova de como é possível simplificar o que é complexo. Bom, pelo menos para o usuário.

O falecido Everett Rogers definiu o skunkworks como um "ambiente especial, destinado a ajudar um pequeno grupo de indivíduos a elaborar uma nova ideia sem precisar obedecer a procedimentos organizacionais de rotina".[25]

O skunkworks da Amazon é o Lab126, criado para desenvolver hardware (uma guinada para a empresa, que passou a desenvolver também produtos físicos). Seu primeiro sucesso foi um leitor eletrônico de livros, que ficou conhecido como Amazon Kindle.

O Kindle da Amazon foi o tema principal da carta de 2007 aos acionistas.

Bezos começou assim:

O dia 19 de novembro de 2007 foi muito especial. Após três anos de trabalho, apresentamos o Amazon Kindle para os nossos clientes.

Muitos de vocês já devem ter ouvido falar do Kindle – somos sortudos (e gratos) por muitas pessoas terem escrito e falado sobre ele. Resumidamente, o Kindle é um dispositivo de leitura feito especialmente para esse fim, com acesso sem fio a mais de 110 mil livros, blogs, revistas e jornais. A conexão sem fio não é por wi-fi – ele usa a mesma rede sem fio dos celulares mais avançados, o que significa que funciona quando estamos em casa, na cama, ou fora de casa, indo de um lugar a outro. Os livros podem ser comprados pelo próprio dispositivo e são baixados na íntegra, sem fios, e ficam disponíveis para leitura em menos de 60 segundos. Não existe qualquer pacote de dados, contrato obrigatório de um ano ou taxa mensal a ser paga pelo serviço. Ele tem uma tela de tinta eletrônica que lembra um papel, e é fácil de ler mesmo na claridade do dia. Quem vê a tela pela primeira vez fica admirado. Ele é mais fino e leve do que um livro em brochura e consegue armazenar até 200 títulos. Vale a pena dar uma olhada na página do Kindle no site da Amazon para ver o que os clientes pensam – o dispositivo já foi avaliado mais de 2 mil vezes.

Como é de esperar, depois de três anos de trabalho tínhamos a expectativa de que o Kindle seria bem recebido, mas não podíamos imaginar o volume de demanda que de fato se concretizou. Zeramos os estoques em cinco horas e meia, e tanto nossa cadeia de fornecedores quanto nossa equipe de fabricação tiveram que correr muito para aumentar a capacidade produtiva.

Tudo começou quando nos impusemos o objetivo reconhecidamente audacioso de aprimorar o livro físico. Não foi uma escolha leviana. Algo que continuou praticamente igual, resistindo a mudanças ao longo de 500 anos, dificilmente seria aprimorado. No início do processo de concepção, identificamos o que nos parece ser a característica mais importante do livro: ele *desaparece*. Quando lemos um livro, não percebemos o papel e a tinta, a cola e a costura. Tudo isso se dissolve, e o que fica é o mundo do autor.

Sabíamos que o Kindle teria que ficar *fora do caminho* da mesma forma que um livro físico para que os leitores fossem absorvidos pelas palavras e esquecessem que estavam lendo num dispositivo. Também sabíamos que não valia a pena tentar copiar todas as características de um livro – jamais conseguiríamos torná-lo melhor que o próprio livro. Na verdade, teríamos que acrescentar novas funcionalidades que nunca seriam possíveis num livro tradicional.

> Quero destacar algumas funcionalidades importantes que implementamos no Kindle e vão muito além do que seria possível num livro físico. Se você se depara com uma palavra que não reconhece, dá para pesquisá-la com a maior facilidade. É possível pesquisar nos livros. As "anotações nas margens" e os destaques ficam armazenados no servidor, na "nuvem", onde nunca serão perdidos. O Kindle marca automaticamente o trecho onde você interrompeu a leitura em cada um dos livros. Caso sua vista esteja cansada, basta aumentar o tamanho da fonte. O mais importante é a capacidade de encontrar um livro e tê-lo em 60 segundos. Quando vejo as pessoas fazendo isso pela primeira vez, fica evidente que isso exerce um enorme fascínio. Nossa ideia para o Kindle é que ele disponibilize em menos de um minuto qualquer livro já impresso, em qualquer língua.
>
> – Bezos, carta de 2007

No lançamento do Kindle, em novembro de 2007, a loja oferecia mais de 88 mil livros digitais. Um número impressionante, sem dúvida. Mas hoje já são *milhões* de títulos disponíveis.

Depois disso, a Amazon construiria todo um ecossistema em torno do Kindle.

O Whispersync é o serviço do Kindle oferecido pela Amazon para garantir que o usuário tenha acesso a sua biblioteca e a todos os seus destaques, notas e marcadores, aonde quer que vá, tudo sincronizado nos dispositivos Kindle e aplicativos de celular. (Os audiolivros foram acrescentados depois e incluem o aplicativo Audible, então o usuário pode estar escutando um livro e, sem esforço, parar de ouvi-lo e seguir lendo-o.)

O desafio técnico é transformar isso em realidade para milhões de usuários do Kindle, com centenas de milhares de livros, centenas de dispositivos diferentes, morando em mais de

100 países espalhados pelo mundo – mantendo a estabilidade 24 horas por dia, sete dias por semana. O ponto principal do Whispersync é manter uma base de armazenamento de dados consistente e replicável, com um aplicativo capaz de lidar bem com resolução de conflitos, já que alguns dispositivos chegam a ficar desconectados por semanas ou ainda mais tempo. Para o cliente do Kindle, é claro, toda essa tecnologia passa despercebida. Assim, quando ele abre o aparelho, o dispositivo está sincronizado e na página certa. Parafraseando Arthur C. Clarke, como qualquer tecnologia suficientemente avançada, é impossível distingui-la de pura magia.

– Bezos, carta de 2010

A criação do Echo e da Alexa para simplificar a vida

A Amazon começou pelo Kindle, mas ao longo do tempo seu inventivo Lab126 continuou se esforçando para simplificar coisas complexas.

Não tenho dúvida de que Bezos ficou muito entusiasmado quando lhe apresentaram o conceito do que hoje é conhecido apenas como "Alexa".

Há mais de cinquenta anos, em 1966 (quando Jeff Bezos devia ter 2 anos), estreava a série de ficção científica *Star Trek*. Nesse mundo fantástico, que se passava no espaço, o computador da nave estelar USS *Enterprise* respondia a comandos de voz e dispositivos portáteis eram usados para comunicação.

Muitas ideias ficcionais da *Star Trek* acabaram se tornando realidade. A tripulação usava "comunicadores" portáteis, e a Apple sem dúvida conseguiu concretizar esse conceito quando lançou o iPhone (apesar de o Fire Phone da Amazon ter sido uma ótima tentativa).

E então surgiu a Alexa. Assim como o computador ativado por voz da USS *Enterprise*, trata-se de um software de reconhecimento de voz baseado em aprendizado de máquina que alimenta o Echo, um dispositivo de hardware. A força da Alexa (e do Echo) está na combinação entre um dispositivo de hardware que ouve uma "palavra de ativação" e um software que depois responde a comandos de voz e perguntas. Criar um sistema de reconhecimento de voz que pudesse competir com o Google e com a Apple não foi uma tarefa fácil – sobretudo se considerarmos a enorme vantagem inicial dessas empresas, que já haviam desenvolvido seus softwares para smartphones. Mas hoje a Amazon lidera o mercado dos assistentes de voz com o Echo e a Alexa.

(Uma das maravilhas de engenharia dos dispositivos Echo é a qualidade do reconhecimento de voz de longo alcance. Isso significa que você pode ficar a uma distância de cerca de 3 a 4,5 metros do dispositivo e falar a palavra de ativação que ele desperta e responde.)

Em sua concepção original, o Echo não trazia a possibilidade de se conectar a outros dispositivos, como lâmpadas e termostatos fabricados por outras empresas. Certo dia, fazendo uma brincadeira, um engenheiro manipulou o microfone para funcionar como controle de voz para um dispositivo de streaming de TV. Ao ver isso, Bezos teve um momento de "iluminação". (Essa é uma daquelas situações em que as pessoas tentam alguma coisa nova e veem o que acontece. Nem é preciso dizer que Bezos deve ter ficado eufórico com esse experimento "de brincadeirinha".)

O impacto do Echo (e da Alexa) foi extremamente influenciado pelo desenvolvimento da internet das coisas (IoT, na sigla em inglês) – graças a ela, dispositivos desde as lâmpadas do seu quarto até a lista de compras na porta da geladeira agora já podem funcionar obedecendo a comandos de voz. O Echo serve de hub para a grande quantidade de dispositivos de "casa inteligente" que estão inundando o mercado.

Muita gente deve se lembrar do desenho animado *Os Jetsons*, que contava como seria a vida no futuro, com robôs servindo de empregados, carros que pareciam discos voadores e calçadas rolantes. Não temos carros que voam (ainda), mas, graças à Alexa, muitos dos comandos de voz que apareciam nos *Jetsons* estão virando lugar-comum hoje em dia.

De forma similar ao que aconteceu com a Apple em seus primórdios, a Amazon abriu a plataforma Echo para desenvolvedores externos. No fim de 2018, já havia mais de 70 mil Skills disponíveis nos dispositivos Echo em todo o mundo. (Skill é o nome dado pela Amazon para programas de software de terceiros que criam comandos de voz que os clientes podem usar.)

O sucesso do Echo é, em alguma medida, resultado do "fracasso bem-sucedido" do Fire Phone. Quando a Amazon desativou seu "telefone para compras", conseguiu concentrar mais recursos nos esforços voltados para o controle de voz e no que haviam aprendido no processo. Hoje, a Alexa controla nossas luzes, nossas compras, nossa agenda e muito mais.

A próxima grande tarefa da Alexa pode ser preparar o jantar – o que talvez não seja tão absurdo quanto parece.

Caixas de autoatendimento e Amazon Go

Enfatizo a importância da natureza de autoatendimento dessas plataformas por uma razão não tão óbvia: mesmo os intermediários mais bem-intencionados tornam a inovação mais lenta. Quando uma plataforma funciona por autoatendimento, até as ideias mais improváveis podem ser testadas, porque não existe um funcionário especializado para dizer "Isso nunca vai funcionar!". E acontece que muitas dessas ideias improváveis acabam funcionando e a sociedade sai ganhando com essa diversidade.

– Bezos, carta de 2011

Sistemas de caixas com autoatendimento já estão disponíveis há algum tempo em diversos estabelecimentos de varejo, como supermercados, depósitos e lojas de material de construção. Para os clientes, a vantagem é não ter que enfrentar longas filas para pagar suas compras. A desvantagem é que esses sistemas nem sempre funcionam muito bem.

Particularmente, tenho uma relação de amor e ódio com os caixas de autoatendimento. Talvez você já tenha sentido a mesma frustração que eu ao passar um produto que o leitor não consegue ler e ter que aguardar o atendente, precisando ficar "de castigo" até o funcionário aparecer para resolver o problema.

A experiência, porém, não é muito melhor quando ficamos na fila tradicional, esperando que um caixa registre todos os produtos, mesmo que seja o caixa rápido, para até 10 itens. Sempre fico com a sensação de que escolhi "a fila errada", porque vira e mexe alguém precisa checar o preço de determinado produto ou precisa esperar qualquer outra coisa. Embora isso talvez só leve alguns instantes, parece que demora uma eternidade.

Minha experiência de compra numa das lojas de conveniência Amazon Go foi completamente diferente – e muito impressionante! Depois de fazer o check-in num hotel em Chicago, andei alguns quarteirões até chegar a uma loja Amazon Go que fica no andar térreo de um prédio de escritórios.

Só consegui passar pelas catracas da loja depois de escanear o código de barras do aplicativo Amazon Go no meu celular, que está conectado à minha conta na Amazon. Assim que o código de barras foi lido, a catraca se abriu e eu entrei. Havia prateleiras com diversas comidas já prontas, como sanduíches, saladas, frutas frescas e produtos típicos de lojas de conveniência, como biscoitos e uma grande variedade de bebidas. Para comprar, basta tirar o produto da prateleira e colocá-lo na cesta. Peguei umas comidinhas e uma caneca de café para a Karen com os dizeres "É só pegar e sair". Depois me dirigi à saída, lutando contra a vontade de procurar um caixa para pagar.

Na Amazon Go, quando você termina suas compras, é só sair. Só isso. Pronto.

A sensação era de ter deixado de pagar, mas poucos minutos depois recebi um e-mail e uma notificação pelo aplicativo com o recibo da compra. Tudo certinho.

Que diferença fazer compras numa Amazon Go, em que "é só pegar e sair"! Assim, evitei passar pela experiência em geral frustrante de usar os caixas de autoatendimento das lojas de varejo tradicionais.

O conceito das lojas Amazon Go é um bom exemplo do que significa a obsessão da Amazon pelo cliente na hora de simplificar algo que é complexo. O foco está sempre no que é melhor para o cliente.

> Por muitos anos, ficamos pensando como poderíamos atender os clientes em lojas físicas, mas primeiro tínhamos que inventar alguma coisa que pudesse realmente encantá-los. Com as lojas Amazon Go, tivemos uma visão muito clara. Era preciso eliminar o que havia de pior no varejo físico: as filas do caixa. Ninguém gosta de ficar na fila. Então imaginamos uma loja em que o cliente pudesse entrar, pegar o que quisesse e sair.
>
> Não foi nada fácil em termos técnicos. A iniciativa exigiu o esforço de centenas de cientistas da computação e engenheiros inteligentes e dedicados do mundo todo. Tivemos que projetar e construir nossas próprias câmeras e prateleiras, além de inventar algoritmos de visão computacional com a capacidade

de combinar imagens de centenas de câmeras atuando em conjunto. Tínhamos que fazer isso tudo de forma que a tecnologia funcionasse bem a ponto de passar despercebida. A recompensa tem sido a resposta dos clientes, que descrevem a experiência de comprar nas lojas Amazon Go como "pura magia".

– Bezos, carta de 2018

Quando a Amazon diz "É só pegar e sair", não está de brincadeira.

Alexa Skill Blueprints

Não seria útil se os hóspedes que fossem dormir na sua casa pudessem perguntar à Alexa qual a senha do wi-fi? Você gostaria de deixar com a Alexa uma lista de instruções para a babá de seus filhos (ou de seus animais de estimação) quando fosse sair à noite? E se seus filhos adolescentes pudessem perguntar à Alexa qual é a lista de tarefas diárias que eles precisam cumprir antes de poder sair com os amigos? Não seria incrível?

Tudo isso é possível com a plataforma Alexa Skill Blueprints. São maneiras fáceis e simples de personalizar a Alexa sem precisar ser um programador ou amante de tecnologia. É tão simples que basta baixar um aplicativo no smartphone.

Os blueprints são templates com campos em branco a serem preenchidos, que guiam os clientes ao longo do processo de criar uma nova Skill. Trata-se de uma das mais recentes iniciativas da Amazon para facilitar a vida do cliente.

Há blueprints inclusive para empresas, permitindo que elas criem Skills personalizadas sem precisar escrever uma linha sequer de código. A Amazon oferece dezenas de modelos pré-configurados junto com um assistente virtual que conduz o cliente passo a passo para criar a Skill. Quando a tarefa está concluída, a plataforma cria uma maneira de a empresa "aprová-la", usando o departamento de TI ou algum outro. Uma vez aceita, a Skill pode ser compartilhada por toda a empresa.

A Amazon vem usando a tecnologia para "acelerar o tempo" para os clientes.

Essa iniciativa exemplifica vários dos *14 Princípios de crescimento*, como "ter obsessão pelo cliente" e "simplificar o que é complexo". O desenvolvimento contínuo do ecossistema de voz da Alexa mostra a importância que a Amazon dá a essa nova empreitada. Talvez seja mais um empreendimento que pode ser considerado "enganoso" em seus estágios iniciais.

Muita gente subestima o papel da Inteligência Artificial (IA) da Amazon na criação de tecnologias novas e mais rápidas para o mercado. A Alexa Skill Blueprints pode vir a ser outro enorme sucesso para a empresa – e para quem mais estiver prestando atenção.

O pontapé inicial para simplificar o que é complexo no setor de saúde

Em junho de 2018, a Amazon comprou a PillPack, grupo on-line de farmácias, pelo valor estimado de 1 bilhão de dólares. O diferencial de mercado da PillPack é que ela simplifica a rotina de quem toma diversos medicamentos controlados, entregando-os em casa, em doses preordenadas. Ela basicamente entrega as medicações dos clientes em pacotes separados por dose. O serviço é gratuito, como numa farmácia americana comum.

Os usuários só pagam sua coparticipação, segundo o sistema de saúde americano, e pelo que eventualmente tenham pedido e não seja coberto pelo plano de saúde, como vitaminas ou medicamentos que não exijam receita médica. A PillPack cuida dos trâmites com o seguro-saúde, da transferência de prescrições e da coordenação dos refis. O público-alvo são pessoas que tomam cinco ou mais remédios por dia e têm dificuldade para controlar o que e quando tomar (uma população cada vez maior entre a geração baby boomer).

Com a reputação de eficiência da Amazon, a promessa da PillPack de "simplificar os medicamentos" foi um remédio amargo de engolir – com o perdão do trocadilho – para o ramo das farmácias. No dia do anúncio da aquisição, grandes redes como Walgreens, CVS Health e Rite Aid perderam, juntas, 11 bilhões de dólares em valor de mercado.

Apesar da queda significativa no valor das ações, Stefano Pessina, CEO da Walgreens Boots Alliance, afirmou que não estava "particularmente preocupado" com o acordo entre a Amazon e a PillPack quando lhe perguntaram sobre isso numa teleconferência para falar dos resultados da empresa. "O mundo das farmácias é muito mais complexo do que simplesmente entregar determinados medicamentos ou pacotes. Acredito piamente que o papel das farmácias físicas continuará sendo muito, muito importante no futuro."[26]

Claro que talvez esse comentário não passe de pensamento positivo, porque isto é justamente o que a Amazon quer: simplificar o que é complexo.

PROPOSTA

Simplificar o que é complexo

P: Quais são as principais "barreiras de entrada" para que novos clientes façam negócio com a sua empresa?

P: O que você pode fazer para facilitar o aumento das transações com quem já é seu cliente?

P: Qual é a parte mais complexa da experiência do cliente com a sua empresa e como você pode simplificá-la?

Princípio 9:
Acelerar o tempo por meio da tecnologia

> A invenção está no nosso DNA, e **a tecnologia é a ferramenta fundamental** que empregamos para desenvolver e aprimorar todos os aspectos da experiência que oferecemos aos nossos clientes. Ainda temos muito a aprender, e espero que a gente continue se divertindo nesse processo. Sinto um grande orgulho por fazer parte desta equipe.
>
> – Bezos, carta de 2010

Se você algum dia já fez uma fogueira, sabe muito bem o que acontece quando acrescentamos mais combustível ao fogo. Numa churrasqueira a carvão, jogar fluido de isqueiro faz o fogo aumentar.

Quando perguntam o que faria algo parecido nos *negócios*, imagino que a maioria das empresas responda que "mais dinheiro" ou "mais funcionários" sejam o segredo para um crescimento mais veloz. Mas Jeff Bezos sabe que o que torna a Amazon mais bem-sucedida que as outras empresas – em parte – é a forma como a tecnologia acelera a velocidade (e o tempo) em que ela cresce.

Por que está mais fácil do que nunca usar a tecnologia para acelerar o tempo?

Hoje, praticamente todas as informações estão sendo digitalizadas. Empresas que fazem isso estão numa posição significativa de vantagem. Elas conseguem analisar mais informações, acessá-las com maior velocidade e obter dados mais confiáveis e atualizados.

Num passado não muito distante, eram necessários muitos anos e milhões de dólares para iniciar um negócio capaz de transformar o mercado. O custo de ter uma ideia e montar uma empresa caiu drasticamente. Hoje, com 5 mil dólares (ou menos) já dá para começar. Assim como o computador mainframe que ocupava salas inteiras nos primórdios da informática, a capacidade de processamento que temos hoje em dia em nossos smartphones já superou nossos sonhos mais loucos.

Novas startups hoje podem usar plataformas na nuvem para ter acesso a uma capacidade de processamento inimaginável 20 anos atrás – e por uma fração do preço. Com isso, as empresas avançam mais rápido do que nunca, e os ciclos de negócios, que antes levavam anos ou décadas, se limitam a alguns meses ou até menos.

A tecnologia é um acelerador do tempo que só vai continuar ganhando velocidade.

As crises chegam com uma rapidez impressionante. A concorrência também. As novas tecnologias surgem cada vez com maior velocidade e força; se você não tiver um plano para usá-las a seu favor, algum concorrente fará isso. Agorinha mesmo, várias empresas ao redor do mundo estão tentando tornar seu negócio irrelevante e podem acabar conseguindo caso você não faça nada para assegurar sua posição no mercado.

A Amazon descobriu uma maneira de manter a agilidade

mesmo se transformando numa das maiores empresas do mundo. Acredito que o segredo esteja na forma como ela aproveita o poder da tecnologia.

A única maneira de garantir que sua empresa não se torne irrelevante é assumindo riscos sensatos e investindo em inovação.

Hoje as companhias não têm mais tanto tempo para avaliar os riscos e as oportunidades, porque *não fazer alguma coisa* é um risco maior do que fazer.

Em outras palavras, não agir é um problema tão grande quanto agir.

Como usar a tecnologia para "acelerar o tempo"

Ao assistir a uma disputa de algum esporte profissional, você já deve ter ouvido o comentarista dizer que o tempo parece passar mais devagar para alguns jogadores. Embora o tempo em si não desacelere, a referência é no sentido de que alguns deles permanecem calmos e focados, tomando boas decisões mesmo quando há muita coisa em jogo.

Esse mesmo fenômeno acontece nos negócios o tempo todo. Quando as empresas assumem o controle do próprio crescimento, acabam agindo como o jogador para quem o tempo parece andar mais devagar. Elas se movem rápido, mas não se sentem pressionadas. Tomaram as rédeas da situação.

A melhor forma de controlar seu acelerador, acelerando ou desacelerando o tempo, é ser muito consciente sobre a maneira como você usa a tecnologia para turbinar seu crescimento.

Desde muito cedo, Bezos identificou que a tecnologia continuaria se aprimorando e que a Amazon poderia tirar vantagem disso para aumentar a satisfação do cliente. (Vale lembrar que foi exatamente por isso que ele começou a empresa – Bezos descobriu que a internet crescia a uma taxa de 2.300% ao ano e previu que esse padrão de crescimento geraria enormes oportunidades de negócios. O risco valeu a pena.)

Como já transito pelo mundo da tecnologia há pelo menos 35 anos, pude testemunhar a curva exponencial do setor. Bezos aplica tecnologias em escala também exponencial para fazer os negócios da Amazon crescerem. Ele está o tempo todo em busca de oportunidades de usar a tecnologia para inovar as práticas já existentes dentro da empresa e fazer o negócio crescer ainda mais rápido e melhor. Um ótimo exemplo é o desenvolvimento do Amazon Web Services.

A verdade é que, como a tecnologia muda muito rápido, se você ficar parado e não fizer nada, é só uma questão de tempo (provavelmente menos tempo do que imagina) até que alguém a utilize para tornar parte de seu negócio – ou todo ele – obsoleta. O melhor é que você mesmo use a tecnologia para tornar parte de seu negócio – ou todo ele – obsoleta. Assim, estará sempre na vanguarda.

É isso que a Amazon faz o tempo todo. Quando é você quem está sempre em busca de novas maneiras de inventar, inovar e aproveitar a tecnologia, fica fácil assumir a liderança.

Crescimento exponencial

Quando uma nova tecnologia, um processo ou uma plataforma digitaliza as informações, acaba entrando num estágio de crescimento exponencial. Como as fases iniciais do crescimento exponencial são difíceis de detectar, o impacto da tecnologia pode ser muito "enganoso" – termo que explica como a tecnologia pode dar uma impressão errada de seu real valor. Talvez pareça que a tecnologia não levará a lugar algum ou que não alcançará escala, mas, de novo, pode ser apenas uma impressão inicial equivocada, enganosa.

Eis um exemplo bem simples. Pegue um centavo e dobre o valor todos os dias. Por algumas semanas, a quantidade de dinheiro será irrisória; no 18º dia, você terá pouco mais de 1.200 dólares. Mas, a partir de determinado ponto, a curva que indica o crescimento exponencial começa a ficar aparente.

DOBRAR UM CENTAVO
Crescimento exponencial

Ao fim de 31 dias, você terá mais de 10 milhões de dólares. É apenas nos últimos dias que o crescimento do valor se mostra tão significativo.

Portanto, os estágios iniciais do crescimento exponencial são muito enganosos. Pode dar a impressão de que o tempo está passando muito devagar, mas a evolução está ganhando velocidade, por mais que não pareça.

É comum a sensação de que os custos necessários para adotar uma nova tecnologia não valem a pena. Mas pode ser que essa tecnologia esteja justamente no início de um ciclo de crescimento exponencial.

O AWS e a vantagem de sete anos

Com a criação do Amazon Web Services (computação na nuvem), a Amazon estava criando o próprio Sistema Operacional de Internet (IOS) interno. E em seguida a empresa aproveitou essa infraestrutura tecnológica para gerar lucro. Nas palavras de Bezos,

> Os departamentos de TI estão reconhecendo que, quando adotam o AWS, conseguem fazer mais. Eles gastam menos tempo em atividades de baixo valor agregado, como gerenciamento de centros de processamento de dados e de redes, correção de erros em sistemas operacionais, provisionamento de capacidade, dimensionamento de banco de dados e por aí vai. Além disso, conseguem ter acesso a poderosas APIs [Interfaces de Programação de Aplicações] e ferramentas que simplificam enormemente a construção de sistemas de alto desempenho escaláveis, seguros e robustos. Essas APIs e essas ferramentas recebem melhorias constantes nos bastidores sem que o cliente precise fazer nada.
>
> – Bezos, carta de 2014

Em outras palavras, a Amazon pegou a infraestrutura específica que construiu para si e a transformou num serviço que qualquer desenvolvedor pode usar para os próprios fins.

Levou algum tempo até que o AWS se firmasse, mas hoje em dia o negócio é altamente lucrativo, gerando um lucro significativo para a Amazon. Bezos explicou isso da seguinte forma:

> Com o AWS, nós reinventamos completamente a maneira como as empresas compram serviços de computação. E então aconteceu um milagre. Até onde sei, é praticamente o maior caso de

sorte na história dos negócios. Passamos sete anos sem ter concorrência à altura. É inacreditável. Depois que lancei a Amazon.com, em 1995, a Barnes & Noble criou a Barnsandnoble.com em 1997. Dois anos. É algo bem típico quando se inventa algo novo. Lançamos o Kindle, e dois anos depois a Barnes & Noble lançou o Nook; lançamos o Echo, o Google lançou o Google Home dois anos depois.

Quando uma empresa é pioneira, se tiver sorte, consegue uma vantagem inicial de dois anos. Ninguém consegue sete anos de vantagem! Isso foi incrível e acredito ter acontecido por uma confluência de fatores. Acho que as grandes empresas estabelecidas de software corporativo não levavam a Amazon a sério como possível concorrente. Assim, tivemos amplo espaço para construir esse incrível serviço cheio de funcionalidades, que está muito à frente de todos os demais produtos e serviços disponíveis para fazer esse tipo de trabalho hoje.

– Entrevista de 2018 para o
The David Rubenstein Show, Bloomberg

É incrível ver o Amazon Web Services, uma linha de negócios com uma receita anualizada recorrente de 20 bilhões de dólares, acelerar ainda mais seu crescimento, que já é forte. O AWS também acelerou seu ritmo de inovação – sobretudo em áreas novas, como aprendizado de máquina e inteligência artificial, internet das coisas e computação sem servidor. Em 2017, o AWS anunciou mais de 1.400 serviços e funcionalidades significativos, inclusive o Amazon SageMaker, que transforma radicalmente a acessibilidade e usabilidade para que desenvolvedores profissionais construam sofisticados modelos de aprendizado de máquina.

– Bezos, carta de 2017

"De repente, já era realidade"

Em algum ponto ao longo do processo, o crescimento exponencial facilitado pelos avanços tecnológicos se torna "disruptivo". De repente, as pessoas começam a notar a nova tecnologia. Para muita gente, a impressão é que a tecnologia surgiu do nada. No entanto, se você estivesse prestando atenção no estágio "enganoso", teria tido uma ideia de seu impacto potencial. Há inúmeros exemplos de tecnologias e plataformas que se tornaram disruptivas. Dentre as mais conhecidas, podemos citar a Uber e o Airbnb. Porém várias outras criaram plataformas de conexão responsáveis por revolucionar setores inteiros.

A disrupção nem sempre acontece no nível do setor como um todo, como o que ocorreu com os táxis depois do surgimento da Uber. Ela pode acontecer em parte do mercado, dando às empresas que a adotam uma vantagem competitiva sobre as demais. Bezos está sempre à procura de tecnologias disruptivas, tanto numa perspectiva macro quanto numa mais modesta.

Na Amazon, a tecnologia permeia as equipes, os processos, a tomada de decisões e a estratégia de inovação em cada um de seus negócios. Essa noção está profundamente enraizada em tudo que a empresa faz.

Para qualquer empresa, a contínua adoção e adaptação da tecnologia melhora a experiência do cliente, que por sua vez alimenta o *flywheel* do negócio, acelerando-o como um todo. Agora o Google, a Microsoft e muitas outras empresas estão trabalhando duro para tirar o atraso.

Centros de logística

As crianças adoram ver como as coisas são feitas. É fascinante observar todas as peças separadas e ver como elas se juntam para formar um todo que funciona. Mesmo depois de adulto, aproveito qualquer oportunidade para visitar uma fábrica.

Agendei um horário para fazer um tour no centro de logística da Amazon em Jeffersonville, Indiana. A empresa não permite fotos e obriga todos a deixarem os celulares no bolso, então infelizmente só pude fazer um registro visual da minha visita.

O centro de logística de Jeffersonville tem grande parte de seu estoque composto de roupas, joias e outros acessórios de vestuário. Quando o grupo da visita ficou completo, nossa primeira parada foi numa sala de treinamento, onde assistimos a um vídeo curto sobre a Amazon. Depois recebemos fones de ouvido para escutar as descrições do guia sobre o que estávamos vendo. O centro de logística é um armazém industrial movimentado e barulhento; emprega quase 2.500 pessoas na temporada normal e mais de 6 mil durante a alta temporada. O lugar armazena mais de 30 milhões de itens em cerca de 232 mil metros quadrados de espaço utilizável.

Tomando um rumo inesperado, a visita acompanhou os produtos na direção contrária: do fim para o início de sua jornada ao longo do armazém. Assim, começamos no ponto em que eles despacham os pedidos para os clientes e terminamos no momento em que o item chega do fabricante ao centro de logística.

Ao inverter a ordem cronológica, começando pelo fim, a experiência se tornou incrível, especialmente para mim, porque tinha tudo a ver com a minha pesquisa para este livro. Até aquele momento, como para muita gente, minha experiência com os produtos da Amazon tinha sido basicamente como consumidor. Eu fazia meus pedidos on-line e eles chegavam à minha porta. Portanto, começar a visita pelo fim, quando os produtos são enviados aos consumidores, foi como se eu estivesse rastreando os produtos na ordem reversa, a partir da perspectiva do cliente.

A tecnologia usada pela Amazon no centro de logística é impressionante. Um extenso sistema de esteiras ao longo de todo o armazém transporta os produtos em alta velocidade. Quando o pessoal não tem a caixa certa para determinado item, não perde tempo. Alguém arruma outra caixa qualquer em que o item caiba, porque o programa foi projetado para fazer o produto sair de lá o mais rápido possível.

Se você alguma vez já se perguntou por que o pacote que recebeu da Amazon era grande demais para o produto que havia dentro, eis a resposta. Eles não se preocupam com caixas. *Apenas querem que os produtos saiam dali.* O sofisticado sistema de automação está evidente por toda parte. Antes de os pacotes serem levados pelas esteiras transportadoras, os empacotadores tiram os itens de dentro de caixotes amarelos e os embalam. Ao longo do trajeto, uma etiqueta de expedição é aplicada automaticamente. É um processo fascinante de se assistir.

Antes de os itens serem empacotados, ficam armazenados em prateleiras, numa ordem que parece completamente aleatória. Eles permanecem literalmente em *qualquer* prateleira onde haja um espaço vazio. Isso significa que uma determinada área de armazenamento pode ter cinco itens completamente diferentes entre si, armazenados um ao lado do outro. (Essa técnica é chamada de armazenamento caótico, termo que eu adoraria ter conhecido antes, na infância, quando meus pais me mandavam arrumar o quarto.)

Estima-se que a Amazon consiga armazenar 25% mais produtos no mesmo espaço, em comparação com depósitos tradicionais, usando uma tecnologia que compensa em muito a aparente ineficiência desse sistema de armazenamento caótico.

Quando um cliente finaliza um pedido, um empacotador – *humano* – com um computador portátil e um carrinho com um caixote amarelo recebe uma notificação. O computador diz ao empacotador exatamente aonde ir para encontrar os itens que foram pedidos. Ele pega os itens, escaneia tudo e os coloca dentro do caixote. Depois de reunir todos os itens disponíveis naquele centro de distribuição, o caixote é colocado numa esteira e enviado para a estação de embalagem.

(Um comentário adicional: os centros de logística da Amazon de última geração vêm incorporando elementos de robótica: em vez de o empacotador se dirigir a uma prateleira, um robô leva a prateleira até o empacotador. Aumentar a eficiência é outra forma de tentar acelerar o tempo por meio da tecnologia.)

A última parada da visita foi do outro lado do armazém, onde pelo menos 20 docas de descarga estavam recebendo o material que chegava. Os produtos incluem tanto o que é vendido diretamente pela Amazon quanto o que vem através dos vendedores do Amazon Marketplace e dos participantes do programa Fulfillment by Amazon (FBA). Cada caixa que chega é escaneada e inspecionada. Quando acontece algum problema com a embalagem ou o código de barras não corresponde ao produto esperado, a caixa é separada, para passar por processamento manual.

A tecnologia que a Amazon vem usando para se mover com mais agilidade e eficiência é impressionante. Desde 2012, depois da aquisição da Kiva Systems, a empresa passou a usar ferramentas de robótica, inteligência artificial e automação para aumentar sua capacidade de armazenamento e permitir que seus armazéns comportassem um volume maior de produtos. Hoje, a Amazon possui 175 centros de logística em operação espalhados pelo mundo todo e já equipou 25 desses centros com robôs que complementam o trabalho humano.[27]

PROPOSTA

Acelerar o tempo por meio da tecnologia

P: Como você vem usando a tecnologia para acelerar o crescimento do seu negócio?

P: De que forma você poderia usar a tecnologia para tornar parte do seu negócio obsoleta (antes que seus concorrentes o façam)?

Princípio 10:
Promover a atitude de dono

> Mais uma vez, neste ano, anexo uma cópia da nossa carta original de 1997 e incentivo os atuais e futuros **donos** de ações a darem uma olhada nela.
>
> – Bezos, carta de 2002

Na carta de 2003 aos acionistas, no que parecia ser uma frase trivial, de poucas palavras, Bezos resumiu um princípio-chave que tem sido fundamental para o crescimento da Amazon: "Donos são diferentes de inquilinos."

> O pensamento de longo prazo é ao mesmo tempo um pré-requisito e uma consequência da atitude de dono. Donos são diferentes de inquilinos. Um casal que conheço alugou a própria casa para uma família que pregou a árvore de Natal direto no piso de madeira em vez de usar um suporte específico para isso. Era mais prático, imagino, e esses locatários eram especialmente ruins, mas nenhum dono seria tão obtuso.
>
> – Bezos, carta de 2003

Os inquilinos *pregaram a árvore de Natal direto no piso de madeira*. Se alguma vez você já alugou sua casa para alguém, essa anedota talvez lhe seja lamentavelmente familiar. Como Bezos concluiu, "nenhum dono seria tão obtuso".

Como viajo muito a trabalho, sempre acabo alugando um carro. Mesmo com algo tão simples quanto não retirar o lixo do carro ao devolvê-lo, confesso que às vezes penso: "Ah, tudo bem. É alugado." Eu não faria isso se o carro fosse meu. É por essa razão que sempre reluto em comprar um veículo que antes foi de aluguel. Sei que nem sempre cuido de um carro alugado como se ele fosse meu – e também sei que estou muito longe de ser a pessoa mais descuidada de todas.

O mesmo vale para os investimentos. Bezos continua:

> Da mesma forma, muitos investidores não passam de inquilinos de curto prazo, interessados em mudar de portfólio tão rápido que na verdade estão apenas alugando as ações das quais são "donos".
>
> – Bezos, carta de 2003

Em outras palavras, a atitude de dono é uma mentalidade. Quando alguém age como dono de alguma coisa, acaba pensando sobre essa coisa de forma diferente e tratando-a como se fosse sua. É completamente diferente da mentalidade de locatário.

Construindo a atitude de dono

Donos são de fato diferentes de inquilinos, mas o que isso significa para o seu negócio? E como esse conceito se tornou tão importante para o crescimento da Amazon?

Na carta original de 1997, Bezos explicou:

> Continuaremos dedicados a contratar e reter funcionários versáteis e talentosos, além de continuar adotando uma política

de remuneração que privilegia opções de ações em oposição à remuneração monetária imediata. Sabemos que nosso sucesso depende em grande medida de nossa capacidade de atrair e reter uma base de funcionários motivados, sendo que cada um deles precisa pensar como – e efetivamente ser – dono do negócio.

– Bezos, carta de 1997

Ser dono do próprio trabalho não é um conceito novo ou exclusivo da Amazon; em outras companhias, muita gente reclama de membros da equipe que parecem não "vestir a camisa da empresa". Porém Bezos e sua equipe na Amazon levam essa noção a outro patamar.

Em vez de incentivar as pessoas a se sentirem donas do próprio trabalho, a Amazon pede que seus funcionários realmente pensem como donos da empresa. É um de seus principais *Princípios de liderança*:

Princípio de liderança da Amazon – Mentalidade de dono: Líderes agem como donos do negócio. Eles pensam longe e não sacrificam valores de longo prazo por resultados imediatos. Tomam atitudes em nome de toda a empresa, e não apenas do próprio time. Líderes nunca dizem "Este não é o meu trabalho".

Bezos quer que *todos* envolvidos com a empresa pensem como donos – desde funcionários da linha de frente até executivos de alto escalão. Quem é dono pensa sobre as implicações e o impacto das decisões no longo prazo, e não apenas nos resultados trimestrais ou em ganhos rápidos sem valor duradouro. Assim, os funcionários da Amazon são avaliados com base em quanto agem como donos – como pessoas que não dizem "Isso não é problema meu". A atitude de dono é uma característica-chave desenvolvida e incentivada na cultura da empresa.

Na carta de 2002, Bezos usou pela primeira vez o termo "*donos* de ações" em vez de apenas "acionistas" ao se referir aos investidores da Amazon. Em essência, os investidores de fato são "donos" de parte da empresa e deveriam se sentir proprietários, não locatários sem qualquer interesse na empresa, que só querem ganhos financeiros.

Em 2007, Bezos reforçou essa crença alterando o início das cartas – em vez de "Para nossos acionistas", ele passou a usar "Para os donos de ações" – e desde então vem usando sempre essa nova saudação.

Não há dúvida de que esse conceito de ter uma mentalidade de dono, e de fato se considerar dono do negócio, é um dos segredos para criar uma cultura que continuará crescendo ao longo do tempo.

Como promover a atitude de dono

Agora vejamos como Bezos promove a atitude de dono. Eis alguns exemplos:

Dirigir-se às pessoas como donos: Uma maneira simples mas eficaz que ele usa para promover o conceito é por meio da linguagem. Ao trocar "acionistas" por "donos de ações", Bezos reforça o que acredita ser um princípio fundamental para a Amazon: investidores não são gente "de fora", mas parte integrante da organização.

Distribuir ações da empresa aos funcionários: Quando os funcionários recebem ações, é mais provável que se sintam envolvidos no negócio, com um maior sentimento de posse.

> Uma das maneiras que usamos para promover a atitude de dono entre os funcionários é por meio das Unidades de Ações Restritas (RSUs, na sigla em inglês). Elas são parte fundamental de nosso

programa global de remuneração, pensado cuidadosamente para nos ajudar a atrair, motivar e reter funcionários do mais alto calibre. Trata-se do direito de receber uma cota de ações ordinárias da Amazon.com depois de ter trabalhado na empresa por um certo período de tempo e ter atendido a outras condições.
– Amazon Restricted Stock Units: Becoming an Owner[28]

Tomada de decisões: Na Amazon, os funcionários são incentivados a tomar decisões de Tipo 2. Quando um funcionário é autorizado a tomar uma decisão em nome da empresa, em especial para ajudar um cliente, ele provavelmente se sentirá empoderado – uma maneira vital de se conectar com os valores da companhia.

Reuniões eficientes: As reuniões da Amazon reforçam que há "uma causa comum" por trás de tudo; ao usar o formato narrativo de seis páginas, as pessoas conseguem se conectar como equipe e trabalhar juntas por um objetivo ou ideia comum, o que ajuda a promover a atitude de dono.

Criar oportunidades de invenção e inovação: Na Amazon, inventar e inovar são pressupostos *básicos*. Espera-se que todos estejam sempre em busca de melhorar a forma de executar as próprias tarefas, principalmente no horário do expediente.

Incentivar a liderança: Espera-se que *todos* sejam líderes. Quando começam a trabalhar na empresa, os funcionários ganham uma cópia dos *Princípios de liderança da Amazon* e recebem ajuda para colocá-los em ação. Ajuda verdadeira, não apenas retórica. (Não quer dizer que sejam 100% bem-sucedidos, mas pelo menos essa é a intenção.)

A chance de "pular fora": Os funcionários estão na empresa porque *querem* estar.

Pagar para sair foi uma invenção do pessoal esperto da Zappos, e os centros de logística da Amazon vêm replicando a ideia, que é bem simples. Uma vez por ano, ofereceremos uma quantia aos nossos colaboradores para que peçam demissão. No primeiro ano, a oferta é de 2 mil dólares. Depois vai subindo mil dólares por ano, até chegar a 5 mil dólares. O título da oferta é "Por favor, não aceite esta oferta". Esperamos que não aceitem; queremos que eles fiquem. E por que fazer a oferta, então? O objetivo é incentivar as pessoas a parar por um momento e pensar sobre o que realmente querem. No fim das contas, quando um funcionário permanece num lugar onde não quer estar, isso acaba não sendo saudável nem para ele nem para a empresa.

– Bezos, carta de 2013

Não exigir unanimidade para tudo: Para que isso vire realidade, a Amazon tem um sistema de "discordar e se comprometer" que inclui o próprio Bezos. A ideia é que, mesmo que nem todo mundo concorde com determinada decisão, ainda assim seja possível que as pessoas trabalhem juntas por uma meta em comum. Afinal, há um objetivo maior: o melhor para o cliente.

Bezos mencionou o exemplo de uma proposta de série para o Amazon Prime que o deixou hesitante, em parte por desinteresse pela ideia, em parte pelos termos da negociação. Ele explicou:

Eles tinham uma opinião completamente diferente e queriam seguir em frente. Escrevi de volta na mesma hora dizendo: "Eu discordo e me comprometo e espero que se torne a série mais popular que já fizemos." Imaginem como esse ciclo decisório teria sido mais lento se a equipe tivesse que me *convencer* em vez de apenas obter o meu comprometimento.

– Bezos, carta de 2016

Os clientes podem se sentir um pouco donos também – Amazon Smile

Minha esposa e eu nos conhecemos na época do ensino médio, por meio da Young Life, uma organização cristã internacional com diversas ações para estudantes. Ao longo dos anos, continuamos apoiando a Young Life financeiramente, e há pouco tempo terminamos nosso mandato no conselho da Young Life Capernaum, uma parte da organização voltada para estudantes com deficiência. Ficamos felizes ao descobrir que, no programa Amazon Smile, a Amazon doa um pequeno percentual de cada venda para a instituição beneficente à escolha do cliente. Optamos por apoiar a Young Life com nossas compras.

Na verdade, como nós dois temos contas diferentes na Amazon, entramos numa certa competição para ver quem consegue doar mais a partir de nossas compras. (Minha aposta é que ela ganha.)

Em 2013, lançamos o Amazon Smile – uma maneira simples de os clientes ajudarem, a cada compra, as organizações beneficentes de sua preferência. Quando o cliente compra pelo smile.amazon.com, a Amazon doa uma parte do valor da compra para sua instituição de escolha. São os mesmos produtos, os mesmos preços e as mesmas opções de envio e elegibilidade ao Prime disponíveis na Amazon.com – é possível, inclusive, ter acesso ao mesmo carrinho e às mesmas listas de desejo. Além de poder escolher entre grandes instituições renomadas nacionalmente, o valor também pode ser destinado a hospitais infantis e escolas locais ou praticamente qualquer outra causa que o agrade. Há quase um milhão de opções. Espero que você encontre a sua favorita nessa lista.

– Bezos, carta de 2013

Conseguir apoiar a instituição de nossa preferência é um grande passo para nos sentirmos conectados com a Amazon. Não possuímos nenhuma ação da empresa (a posteriori, é fácil se arrepender disso), mas o fato de ver uma parte do nosso dinheiro sendo destinada a uma causa em que acreditamos nos ajuda a sentir que estamos fazendo alguma diferença.

Isso tem relação com a atitude de dono? Talvez sim, talvez não.

Mas sem dúvida nos dá a sensação de estarmos trabalhando junto com a Amazon para fazer algo de bom.

PROPOSTA
Promover a atitude de dono

P: Você oferece alguma recompensa aos membros da sua equipe para que se sintam "mais donos" da empresa – incluindo participação nos lucros ou no crescimento?

P: Você comunica com regularidade à sua equipe seus objetivos de curto e de longo prazo para o negócio?

P: Existe algum incentivo (ou barreira) para os funcionários melhorarem ou corrigirem áreas do negócio para além do departamento em que atuam e de suas responsabilidades específicas?

Ciclo de crescimento: Escalar

Manter uma cultura própria

Focar em padrões de excelência

Medir o que importa, questionar o que é medido e confiar na própria intuição

Acreditar que é sempre o "Dia 1"

Para a Amazon, escalar significa conquistar um crescimento significativo sem sacrificar quem você é ou o que oferece. Isso exige que uma cultura de inovação seja criada e mantida – uma cultura de disposição a correr riscos em benefício do cliente.

Isso envolve manter o foco em padrões de excelência e não sacrificar a qualidade para alcançar maior rentabilidade. Envolve medir apenas o que importa e questionar continuamente o que se mede, para garantir que sua empresa esteja sempre focada nas métricas certas – sem ignorar sua intuição ao longo desse processo.

Por fim, é preciso – acima de tudo – tomar decisões como se fosse o primeiro dia de sua empresa, com paixão e foco no cliente. Permaneça enxuto, focado e lembre-se de que aquilo que era importante no "Dia 1" continua sendo importante.

Ao escalar, a Amazon consegue fechar o ciclo: potencializando seus sucessos para depois começar mais uma vez o processo de testar novas ideias.

Princípio 11:
Manter uma cultura própria

Estamos empenhados em construir algo importante, algo que faça a diferença.

– Bezos, carta de 1997

Nós nunca afirmamos que a nossa estratégia é a certa – mas **apenas que é a nossa** –, e nas duas últimas décadas reunimos um grande grupo de pessoas que pensam de forma parecida. Gente que considera nossa estratégia estimulante e significativa.

– Bezos, carta de 2015

Nosso desafio é não apenas ter ideias de funcionalidades voltadas para fora, mas também encontrar melhores maneiras de fazer as coisas internamente – ao mesmo tempo nos deixando mais eficientes e beneficiando nossos milhares de funcionários em todo o mundo.

– Bezos, carta de 2013

Existem diversos relatos sobre como é trabalhar na Amazon. A curva que melhor reflete a opinião dos funcionários provavelmente tem formato de sino: há quem adore trabalhar na empresa, quem odeie, mas a maioria está em algum ponto no meio.

Também existem maneiras interessantes de olhar para a cultura da Amazon de fora. Dois bons exemplos são os rankings do LinkedIn e do *Wall Street Journal*/Instituto Drucker. O LinkedIn pesquisa a satisfação geral e a retenção de funcionários e o *WSJ*/Instituto Drucker faz uma pesquisa mais ampla sobre gestão. A lista Top Companies 2019 do LinkedIn revelou as cinquenta empresas onde os americanos sonham em trabalhar – e construir uma carreira. Nas três primeiras posições estão a Alphabet (Google), o Facebook e a Amazon.

Em uma postagem do LinkedIn, fica clara a explicação:

> Todo ano, nossos editores e cientistas de dados analisam bilhões de atividades realizadas pelos membros do LinkedIn em todo o mundo para descobrir as empresas que atraem maior atenção por parte de quem procura emprego e que conseguem segurar esses talentos. A abordagem baseada em dados enxerga o que os membros estão efetivamente fazendo – não só dizendo – em sua busca por carreiras que lhes tragam realização.[29]

O *Wall Street Journal*, por sua vez, publica anualmente a lista Management Top 250 em parceria com o Instituto Drucker, que compila os dados. É um ranking das empresas americanas mais eficientes em termos de gestão, composto de 37 indicadores que se encaixam em cinco áreas de desempenho: satisfação do cliente, engajamento e desenvolvimento do pessoal, inovação, responsabilidade social e força financeira. Essas ideias representam os valores-chave do guru da gestão Peter Drucker, que escreveu mais de trinta livros de negócios ao longo de uma prolífica carreira.

Em 2017, a Amazon conquistou o primeiro lugar na lista das empresas americanas mais eficientes em termos de gestão; em 2018, ficou com a segunda posição, sendo destronada pela Apple.

Fora isso, a pontuação da Amazon no quesito inovação superou a de todas as demais empresas por ampla margem.

Como a Amazon conseguiu manter uma cultura própria mesmo passando de poucos funcionários para mais de 600 mil – número que continua em ascensão?

Houve muitas ações no sentido de manter sua cultura, mas duas delas se destacam: o foco na liderança pessoal e o foco corporativo no crescimento contínuo.

Em sua carta anual aos donos de ações, Bezos lembrou a todos que é sempre o "Dia 1". Numa entrevista no Bush Center, no campus da SMU (Southern Methodist University), quando lhe perguntaram sobre o "Dia 1" (considerando o crescimento exponencial da Amazon, que já contava com mais de 600 mil funcionários), ele rapidamente reformulou a pergunta, dizendo:

> A meu ver, a verdadeira pergunta é: Como **manter** uma cultura do "Dia 1"?
>
> É ótimo ter a escala da Amazon; temos recursos financeiros e contamos com muita gente brilhante. Somos capazes de realizar grandes feitos. Temos um escopo global, com operações no mundo todo. O ponto negativo é que é muito fácil perder a agilidade, perder o espírito empreendedor, perder aquela energia que as empresas pequenas costumam ter. Se fosse possível manter o melhor dos dois mundos, manter a energia e o espírito empreendedor com todas as vantagens que vêm junto com a escala e o escopo – pense no que se poderia realizar.
>
> Portanto, a pergunta é: Como alcançar isso? Ter escala é bom porque torna a empresa robusta. Um pugilista grande e forte consegue suportar um golpe na cabeça. Mas também é importante conseguir se esquivar desses golpes. Portanto, você gostaria de ser ágil; você quer ser grande e ágil. Acredito que muitas coisas ajudam a conservar a mentalidade do "Dia 1". Já gastei

algum tempo numa delas, a obsessão pelo cliente. Acredito que seja o mais importante de tudo.

Vai ficando mais difícil à medida que você cresce. Quando a empresa é bem pequena, por exemplo, uma startup de dez pessoas, todo mundo está focado no cliente. Quando a empresa cresce, começa a haver gestores de nível intermediário, começa a haver muitas camadas. E essas pessoas não atuam na linha de frente, não interagem com os clientes todos os dias. Ficam isoladas, e começam a cuidar da felicidade dos clientes não diretamente, mas através de métricas e processos. Algumas dessas atividades acabam se tornando muito burocráticas, então é um grande desafio.

Um fenômeno comum é que as decisões ficam lentas. Creio que uma das razões para isso é que os funcionários, executivos juniores dentro da grande empresa, começam a encarar todas as decisões como se fossem de alta relevância, irreversíveis, com graves consequências. Mas, assim como as portas que abrem para os dois lados, ao perceber que tomou a decisão errada, você pode simplesmente voltar atrás, pela mesma porta, e tentar de novo. Só que mesmo essas decisões reversíveis começam a envolver processos muito demorados.

Apesar disso, acho que é possível alertar as pessoas sobre essas armadilhas, ensinar como evitá-las. É isso que tentamos fazer na Amazon para manter nossa inventividade e nossa energia, o espírito de empresa pequena, mesmo contando com toda essa escala e esse escopo de uma empresa maior.

– Fórum de Liderança de 2018,
"Closing Conversation with Jeff Bezos"

Nesse contexto, os *Princípios de liderança da Amazon* são usados para sempre lembrar aos funcionários o que significa o "Dia 1". Esses princípios definem o que a empresa espera de cada um dos funcionários, inclusive do próprio Bezos, e indicam como eles devem tratar uns aos outros e como devem tratar os parceiros e clientes da Amazon também.

A cultura e a mentalidade do "Dia 1" atravessam toda a organização e estão presentes tanto no conteúdo das cartas de Bezos quanto na forma como a Amazon atua no mercado e nos *Princípios de liderança* da empresa.

Os 14 Princípios de liderança da Amazon

Nós usamos nossos *Princípios de liderança* todos os dias, seja quando estamos debatendo ideias para novos projetos, seja quando precisamos decidir a melhor estratégia para resolver determinado problema. É um dos fatores que fazem a Amazon ser tão peculiar [palavra usada por Bezos e pela maioria dos amazonianos].[30]

Obsessão pelo cliente: O ponto de partida dos líderes é o cliente. Eles trabalham com determinação para conquistar e manter sua confiança. Líderes estão atentos à concorrência, mas sua obsessão é pelos clientes.

Mentalidade de dono: Líderes agem como donos do negócio. Eles pensam longe e não sacrificam valores de longo prazo por resultados imediatos. Tomam atitudes em nome de toda a empresa, e não apenas do próprio time. Líderes nunca dizem "Este não é o meu trabalho".

Inventar e simplificar: Líderes esperam e exigem inovação e invenção de seus times, sempre encontrando formas de simplificar. Atentos ao mundo lá fora, buscam novas ideias em toda parte, sem usar a desculpa do "não foi inventado aqui". Como estamos sempre inovando, sabemos que existe a possibilidade de sermos incompreendidos por muito tempo.

Estar certo, e muito: Líderes estão certos, e muito. Eles têm bom senso e instinto aguçado. Buscam perspectivas diversas e estão dispostos a abrir mão das próprias crenças.

Aprender e ser curioso: Líderes nunca param de aprender e buscam se aprimorar sempre. São curiosos por novas possibilidades e as exploram.

Contratar e desenvolver os melhores: Líderes elevam o nível de desempenho na empresa a cada contratação e promoção. Eles reconhecem talentos excepcionais e encorajam sua mobilidade na empresa. Líderes formam líderes e levam a sério o seu papel de coach. Trabalhamos pelos nossos times para criar mecanismos de desenvolvimento, como o programa "Escolha de carreira".

Insistir nos mais altos padrões: Líderes são incansáveis na busca dos padrões mais altos. Muitas pessoas podem até achar que esses padrões são irreais. Eles esperam cada vez mais de seus times. Juntos, disponibilizam produtos, serviços e processos de alta qualidade. Líderes não permitem que problemas sejam ignorados. Eles asseguram sua resolução de uma vez por todas.

Pensar grande: Pensar pequeno é se contentar com pouco. Líderes criam e comunicam uma direção arrojada que inspire resultados. Eles pensam de um jeito diferente e buscam soluções inovadoras para atender os clientes.

Ter iniciativa: A velocidade importa nos negócios. Muitas decisões e ações são reversíveis e não precisam de análise aprofundada. Nós valorizamos a tomada de decisão com risco calculado.

Frugalidade: Fazer mais com menos. Limitações estimulam a engenhosidade, a autossuficiência e a invenção. Não se ganham pontos extras por aumentar o número de empregados, o orçamento ou as despesas fixas.

Ganhar a confiança: Líderes ouvem com atenção, falam com sinceridade e tratam os outros com respeito. Eles fazem autocríticas abertamente, mesmo que isso seja incômodo ou constrangedor. Líderes sabem que nem eles nem seus times são perfeitos. Eles se comparam aos melhores.

Mergulhar fundo: Líderes operam em todos os níveis, estão atentos aos detalhes, monitoram o tempo todo e desconfiam quando as percepções não refletem as métricas. Nenhuma tarefa é pequena demais para eles.

Ser firme, discordar e se comprometer: Líderes são obrigados a desafiar respeitosamente as decisões das quais discordam, mesmo que isso seja incômodo ou muito cansativo. Líderes têm convicção e são obstinados. Eles não cedem em prol da coesão social. Depois que uma decisão é tomada, comprometem-se por inteiro.

Entregar resultados: Levando em conta os elementos principais do negócio, líderes trabalham para entregá-los com qualidade e em tempo hábil. Contratempos acontecem, mas os líderes se superam e nunca se acomodam.

Inovações voltadas para dentro: uma estratégia para estruturar e manter a força de trabalho

Outra importante área de inovação dentro da Amazon é a forma como a empresa estrutura sua força de trabalho, o que Bezos chama de "inovações voltadas para dentro". Três exemplos ilustram a cultura do ambiente de trabalho da Amazon: Escolha de carreira, Pagar para sair e Serviço virtual de atendimento ao cliente.

A empresa também está na vanguarda quando se trata da formação continuada de sua equipe. Com o programa **Escolha de carreira**, ela paga antecipadamente 95% das taxas e mensalidades para seus associados se formarem em áreas de alta demanda, como enfermagem e mecânica de aeronaves, sem qualquer exigência de que essas habilidades específicas sejam relevantes para a carreira dentro da Amazon.

Para alguns, a Amazon será a escolha de carreira no longo prazo. Para outros, a empresa reconhece que talvez seja apenas um trampolim para um emprego em algum outro lugar, para o qual eles talvez precisem de novas habilidades. A Amazon está disposta a ajudar seus funcionários a adquirir essas novas habilidades, mesmo que outra empresa acabe se beneficiando desse investimento na formação deles.

Embora pareça altruísta da parte da Amazon dizer que não se importa de pagar a seus funcionários uma capacitação que será útil para outras empresas – e talvez seja mesmo –, um benefício extra é o efeito que esse tipo de programa acaba gerando na força de trabalho. Quando não quer estar na Amazon, o funcionário tem como sair. Mas quem se beneficia do programa é incentivado a trabalhar duro e ter um bom desempenho enquanto está na empresa para não perder a grande oportunidade de ter sua formação paga pela Amazon. É uma maneira inovadora – por mais inusitada que pareça – de estruturar uma força de trabalho robusta.

Pagar para sair é mais um exemplo de programa inusitado. Embora tenha tido origem na Zappos, empresa adquirida pela Amazon, Bezos divulga o programa como a melhor forma de estruturar uma força de trabalho robusta. Como já vimos, ele afirma na carta de 2013:

> O objetivo é incentivar as pessoas a parar por um momento e pensar sobre o que realmente querem. No fim das contas, quando um funcionário permanece num lugar onde não quer estar, isso acaba não sendo saudável nem para ele nem para a empresa.
> – Bezos, carta de 2013

O **Serviço virtual de atendimento ao cliente** permite que os funcionários trabalhem de casa no atendimento ao cliente para determinados produtos. Nas palavras de Bezos, essa flexibilidade é ideal para quem não quer ou não pode trabalhar fora de casa, seja porque tem filhos pequenos, seja por outros motivos.

– Bezos, carta de 2013

Com essas "inovações voltadas para dentro", a Amazon consegue estruturar uma força de trabalho composta majoritariamente por pessoas que querem estar na empresa, não por funcionários que *precisam* estar lá.

Os benefícios de lembrar dos "primórdios"

Em 1995, quando a Amazon tinha cinco funcionários, Bezos precisava encontrar soluções criativas para quase tudo. Tinha pegado um empréstimo de 300 mil dólares com os pais e cada centavo era valioso.

Esses cinco funcionários da inexperiente empresa precisavam de mesas para trabalhar. Enquanto caminhava pela loja de móveis e materiais de construção da vizinhança, Bezos percebeu que poderia criar mesas simples apenas acrescentando pernas a portas de madeira já prontas, o que sairia muito mais barato do que comprar todas as mesas. Bastavam quatro pedaços de madeira para usar no lugar das pernas, suportes para conectar as pernas ao tampo, alguns parafusos e voilà! Foi assim que Jeff Bezos inventou a "mesa-porta". (Se estiver curioso, no blog da empresa você acha as instruções de como montar a sua.)[31]

Embora em 1995 a "mesa-porta" fosse uma necessidade, milhares de funcionários usam esse tipo de mesa até hoje, em versões mais modernas do que aquelas improvisadas dos primórdios da empresa. Essas versões modernas são uma espécie de homenagem e lembram aos funcionários, ao se sentarem às mesas, que sempre é o "Dia 1". (Bezos também usa uma "mesa-porta", mas depois de mais de vinte anos parece que a original não resistiu ao teste do tempo.) Nico Lovejoy, um dos funcionários mais antigos da Amazon, descreveu no blog da empresa – cujo nome, por sinal, é "Day One" – o que a "mesa-porta" representa: "Acho que ela representa engenhosidade, criatividade, peculiaridade e o desejo de seguir um caminho próprio."[32]

Para a Amazon, economizar é mais do que uma questão competitiva. Não à toa, a empresa adota a "frugalidade" como um de seus *Princípios de liderança*, porque isso "estimula a engenhosidade, a autossuficiência e a invenção".

Numa entrevista para Bob Simon, do programa *60 Minutes* da CBS, Bezos conectou a frugalidade à sua regra número um: pensar nas necessidades dos clientes *em primeiro lugar*. "Isso simboliza que só vale a pena gastar dinheiro com coisas que importam para os clientes, não com as que não importam", explicou ele.[33]

A empresa até hoje distribui o "Prêmio Mesa-porta", título dado internamente a funcionários com "ideias bem estruturadas", que trazem economias significativas para a empresa e permitem que os clientes se beneficiem de preços mais baixos.

A mentalidade do "Dia 1" não é lembrada apenas no nome do blog e no tipo de mesa que a empresa ainda usa.

Quando a Amazon cresceu e passou a ocupar um prédio inteiro de escritórios em Seattle, Bezos deu ao prédio o nome "Dia 1". Ele acrescentou uma placa à lateral do prédio, lembrando a todos que entram o princípio básico que já estava na carta aos acionistas de 1997:[34]

> Há tantas coisas que ainda precisam ser inventadas. Tantas novidades que ainda vão surgir. As pessoas não têm a menor ideia do grande impacto que a internet vai representar e de que em muitos aspectos ainda estamos no "Dia 1".

Embora pareça sutil ou até bobo, a maioria dos empresários sabe o valor da repetição para formar uma cultura corporativa e influenciar o comportamento das pessoas. Os sinais visíveis da mentalidade do "Dia 1" fazem muito mais do que apenas prestar homenagem à história corporativa da empresa. Eles são lembretes visuais do que é importante para a Amazon do ponto de vista da cultura.

São também oportunidades de os funcionários da Amazon debaterem entre si e com as pessoas de fora o que significa "Dia 1". Quando alguém chega à empresa, caso ainda não saiba, pode ser que pergunte por que tanta gente usa portas como mesas. Quando um novo fornecedor vai até o prédio "Dia 1", provavelmente perguntará sobre o nome do edifício ou lerá a placa na lateral. Sempre que um funcionário, fornecedor ou visitante faz esse tipo de pergunta, cria-se a oportunidade de reafirmar a mentalidade do "Dia 1" em quem responde.

Todos nós podemos criar sinais visuais próprios, incorporando partes de nossa história corporativa a elementos que nossos funcionários usam todos os dias. Não importa a forma de fazer isso; o fato é que esses sinais ajudam a cultivar uma cultura como aquela mencionada por Nico Lovejoy, de engenhosidade, criatividade, peculiaridade e desejo de seguir um caminho próprio.

As mesas feitas com portas são também um símbolo de inovação e um lembrete para sermos, além de frugais, criativos.

Em várias conversas que tive com ex-amazonianos, um dos aspectos culturais mais comentados foi a possibilidade de praticamente qualquer funcionário da empresa ter uma ideia, defendê-la junto a seu gestor e, se a ideia for mesmo boa, receber permissão para testar a premissa e tentar validá-la. Quando funciona, ela é implementada em determinada unidade, equipe, grupo ou divisão. Na cultura da Amazon, todos têm chance de inovar e conduzir o processo até a implementação.

Como qualquer outra empresa, temos uma cultura corporativa formada não apenas por nossas intenções, mas também por nossa história. Para a Amazon, essa história é muito recente e, felizmente, inclui vários exemplos de pequenas sementes que se transformaram em árvores frondosas. Temos muita gente dentro da empresa que testemunhou inúmeras sementes de 10 milhões de dólares se tornarem negócios bilionários. Essa experiência em primeira mão e a cultura que acabou se desenvolvendo em torno desses sucessos explicam, a meu ver, por que conseguimos começar os negócios do zero. A cultura da empresa exige que esses novos negócios tenham alto potencial, que sejam inovadores e diferenciados, mas não que sejam grandes desde o momento em que nascem.

– Bezos, carta de 2006

Outra razão para a Amazon estar em primeiro lugar no ranking de inovação do *Wall Street Journal*/Instituto Drucker é o foco em criar pequenas equipes e o potencial criativo que é canalizado pela cooperação nessas pequenas equipes.

Bezos não gosta de reuniões longas com muita gente nem de equipes enormes. Quando uma reunião é absolutamente necessária, ele tem uma regra que faz aumentar a produtividade. Como já vimos, é o que ele chama de "regra das duas pizzas" – as reuniões só podem ter no máximo um número de pessoas que dê para alimentar com duas pizzas.

Quando contrastamos esse cenário com outras empresas grandes que adotam uma estrutura mais burocrática que pode reprimir a criatividade e a inovação, é fácil enxergar por que a Amazon continua sempre no topo.

Então, como afinal a empresa conseguiu manter sua cultura "peculiar", mesmo passando de uns poucos desenvolvedores para 647 mil funcionários?

Acredito que uma das principais explicações é que eles intencionalmente não deixam o sucesso "subir à cabeça". Como disse no início do livro, a Amazon não é uma empresa perfeita, mas é evidente que ela está fazendo algo certo.

Eles conseguiram manter a cultura viva em toda a organização adotando os *Princípios de liderança* com todos os funcionários (seja na linha de frente, seja em altos cargos executivos). Além disso, há muitos sinais e lembretes corporativos que os ajudam a manter o foco no principal valor para Bezos: a *obsessão* pelo cliente.

E o mais incrível de tudo: eles continuam inovando mesmo depois de alcançar o patamar de 100 bilhões de dólares. Para ter crescimento de longo prazo nos negócios, é preciso manter uma cultura comprometida com os valores – e não só com os resultados.

PROPOSTA

Manter uma cultura própria

P: Você saberia explicar como é a cultura da sua empresa?

P: Se fizesse as mesmas perguntas a seus funcionários, a resposta seria igual à sua?

P: O que você pode fazer para reforçar os elementos-chave (positivos) da cultura da sua empresa?

Princípio 12: Focar em padrões de excelência

O esforço de construir uma cultura de padrões de excelência vale muito a pena, e há muitos benefícios nisso. O mais natural e óbvio é que, com isso, você vai produzir produtos e serviços melhores para os clientes – o que já seria razão suficiente! Mas talvez haja outra razão menos óbvia: as pessoas gostam de padrões de excelência – eles ajudam no recrutamento e na retenção. Agora a mais sutil: uma cultura de padrões de excelência valoriza todo o trabalho "invisível" mas crucial que acontece em todas as empresas. Estou falando daquele trabalho que ninguém vê. Que é feito quando ninguém está olhando. Numa cultura de padrões de excelência, fazer bem esse tipo de trabalho é uma recompensa em si mesma – é parte do que significa ser profissional.

– Bezos, carta de 2017

No mundo dos negócios, há um antigo ditado que diz: "Se você acha caro contratar um profissional, espere até contratar um amador."

Já se atribuiu a autoria dessa frase a diversas pessoas, mas o importante é que ela é verdadeira. Quando uma empresa está ganhando escala, investir em padrões de excelência não é um luxo, mas uma *necessidade*. Eles são investimentos necessários para fazer um negócio escalar. Considere as situações a seguir:

- Precisa de dez pessoas para montar os produtos? A velocidade de todo o processo será a do colaborador mais lento.
- Na sua organização, a atenção aos detalhes é importante? Você será puxado para baixo se tiver que corrigir os erros do membro mais desatento da equipe.
- Você quer entregar produtos de qualidade? Se eles não forem o que as pessoas esperam, as avaliações negativas podem ser devastadoras.

Investir em padrões de excelência em termos de pessoal e de produtos permite que sua empresa seja rápida e ganhe escala depressa. Funcionários rápidos e precisos lhe permitem vender mais produtos. Colaboradores atentos tornam menor a necessidade de recursos para corrigir eventuais erros. Por fim, componentes de qualidade reduzem as devoluções, as avaliações negativas e as reclamações ao serviço de atendimento ao cliente.

Por essas razões, se quiser fazer qualquer tipo de negócio com a Amazon, saiba que terá que obedecer a altíssimos padrões de excelência. Dois famosos exemplos desses padrões são arrumar um emprego na Amazon ou atuar como vendedor independente através da empresa.

Os *bar raisers* e os candidatos a vagas na Amazon

Caso você tenha a oportunidade de fazer uma entrevista para uma vaga na Amazon, espere que o processo mantenha o foco tanto nos padrões de excelência quanto em sua experiência profissional e em sua formação. E se prepare para encontrar gente que você não costuma encontrar em entrevistas – pessoas que a Amazon chama de *bar raisers*, aquelas que elevam o nível de exigência. Trata-se de um grupo de funcionários da empresa escolhidos a dedo que venham demonstrando talento para contratar pessoas com altos padrões de excelência e que tenham recebido treinamento especializado para isso.

Durante o processo de entrevista (o que vale especialmente para posições executivas), costuma haver pelo menos um *bar raiser* presente. Eles têm poder de veto absoluto – nem Bezos nem o gerente que está contratando podem passar por cima da decisão deles. Quando o *bar raiser* participa do processo de seleção, a contratação só acontece se contar com a "bênção" dele.

Na primeira carta aos acionistas, de 1997, Bezos já deixava bem claro:

> Não é fácil trabalhar aqui (sempre que entrevisto alguém, falo o seguinte: "Alguns trabalhos exigem longas jornadas, outros exigem intensidade e há aqueles que exigem muito em termos intelectuais, só que na Amazon não dá para escolher apenas duas dessas três opções"), mas estamos empenhados em construir algo importante, algo que faça a diferença para nossos clientes e sobre o qual possamos contar para nossos netos no futuro. Não é uma tarefa fácil. Somos incrivelmente privilegiados por dispor desse grupo de funcionários dedicados e apaixonados, que se sacrificam para construir a Amazon.com.
>
> – Bezos, carta de 1997

Mas essa não é a única estratégia que a Amazon adota para investir em padrões de excelência em suas contratações. Outra iniciativa da empresa são as três perguntas que todos os entrevistadores precisam levar em conta antes de tomar a decisão final. Isso aparece na carta aos acionistas de 1998:

Trabalhar duro, se divertir, fazer história

Seria impossível obter resultados num ambiente tão dinâmico quanto a internet sem pessoas extraordinárias. Trabalhar no sentido de fazer história não é fácil, mas estamos descobrindo que as coisas são como devem ser! Contamos hoje com uma equipe de 2.100 pessoas inteligentes, dedicadas e apaixonadas que colocam o cliente em primeiro lugar. Nossa estratégia de elevar o nível de exigência na fase da contratação tem sido, e continuará sendo, o elemento mais importante para o sucesso da Amazon.com.

Nas reuniões para discutir contratações, pedimos que as pessoas levem em conta três perguntas antes de tomar uma decisão:

Você vai admirar essa pessoa? Ao pensar nas pessoas que você já admirou ao longo da vida, verá que provavelmente foram aquelas que lhe ensinaram alguma coisa ou serviram de exemplo. Quanto a mim, sempre tentei ao máximo trabalhar só com gente que admiro, e incentivo meus funcionários a serem tão exigentes quanto eu. A vida é muito curta para agirmos de outra forma.

Essa pessoa vai aumentar a eficiência do grupo em que está entrando? Queremos lutar contra a entropia. O nível de exigência precisa ser constantemente elevado. Peço às pessoas que visualizem a empresa daqui a cinco anos. Nesse ponto, cada um de nós deveria olhar em volta e dizer: "Os padrões estão tão elevados agora que, nossa!, fico feliz de ter entrado quando entrei!"

Em que aspecto essa pessoa pode se destacar? Muita gente tem habilidades, perspectivas e interesses únicos que enriquecem o ambiente de trabalho para todos nós. Em geral, é algo que nem tem relação com o cargo que ocupam. Temos uma funcionária que foi campeã num concurso de soletração. Imagino que isso não a ajude muito no trabalho do dia a dia, mas cria um ambiente mais divertido. Você pode abordá-la de vez em quando no corredor com um desafio rápido: "Onomatopeia!"

– Bezos, carta de 1998

Muita gente consegue sentir quando *não* admira alguém; às vezes, surge a intuição de que a pessoa não será adequada. Mas quantas pessoas realmente consideram essa questão intencionalmente?

E quanto à segunda pergunta? Será que a pessoa é capaz de aumentar a eficiência do grupo em que está entrando? Essa questão exige que pessoas abaixo da média não sejam contratadas, pois elas não conseguiriam aumentar o nível de eficiência da equipe.

E em relação às dimensões em que a pessoa pode se destacar? Isso força o entrevistador a buscar características específicas que indiquem alto desempenho. Identificar essas qualidades também ajuda a equipe a posicionar melhor o novo funcionário para que ele possa se sair bem.

Os *bar raisers* e essas perguntas ajudam a Amazon a elevar continuamente o nível de exigência para cada novo funcionário, criando um sistema em que apenas os melhores permanecem. Isso é importante porque esses não só têm um ótimo desempenho como também querem estar cercados de iguais. Eles não se sentem ameaçados por outros pares de alto desempenho e querem mais é trabalhar com esse tipo de funcionário, porque assim o grupo consegue alcançar melhores resultados. Profissionais desse nível ficam extremamente frustrados com colegas medianos ou mesmo abaixo da média, que tornam tudo mais lento ou cometem muitos erros.

Os medianos, por sua vez, costumam ter medo dos melhores, porque estes podem deixar evidente seu desempenho medíocre. É por isso que profissionais medianos acabam contratando pessoas abaixo da média.

Para manter os padrões de excelência numa organização, é preciso ser implacável com as contratações. Ou pode acontecer um efeito bola de neve. Você diminui o nível de exigência, depois a pessoa que você contrata diminui ainda mais, e por aí vai. A espiral continua numa descendente até que, por fim, toda a empresa se torna medíocre e não consegue mais manter os mesmos padrões de excelência.

A Amazon é conhecida por seu ambiente de trabalho exigente. É um lugar que consegue desafiar até mesmo os melhores funcionários. Às vezes, é exigente demais até para os de altíssimo desempenho.

Boas equipes, porém, tornam até os ambientes mais exigentes *menos* exigentes; cada profissional consegue se concentrar nas próprias tarefas e contar com a ajuda de outros que também executam bem seu trabalho.

Assim, os padrões de excelência serão sempre um dos valores centrais da empresa – pelo menos enquanto Bezos continuar no comando.

Princípio de liderança da Amazon – Insistir nos mais altos padrões: Líderes são incansáveis na busca dos padrões mais altos. Muitas pessoas podem até achar que esses padrões são irreais. Eles esperam cada vez mais de seus times. Juntos, disponibilizam produtos, serviços e processos de alta qualidade. Líderes não permitem que problemas sejam ignorados. Eles asseguram sua resolução de uma vez por todas.

No site da Amazon, encontramos informações sobre como são conduzidas as entrevistas na empresa:[35]

Nossas entrevistas são feitas com questões baseadas em comportamentos, que perguntam sobre situações ou desafios que você tenha enfrentado e como lidou com eles. Os *Princípios de liderança* norteiam a conversa. No processo de entrevista, evitamos perguntas capciosas (por exemplo, quantas janelas existem em Manhattan?). Pesquisamos essa abordagem e descobrimos que esse tipo de pergunta não gera uma previsão realista do sucesso de um candidato na Amazon.

Eis alguns exemplos de perguntas comportamentais:

- Conte sobre uma vez em que você se viu diante de um problema que tinha várias soluções possíveis. Qual era o problema e como você determinou o que fazer? Qual foi o resultado da sua decisão?
- Quando você arriscou, errou ou cometeu uma falha? Como você respondeu e como cresceu com essa experiência?
- Descreva um momento em que você assumiu a liderança de um projeto.
- O que você fez quando precisou motivar um grupo de pessoas ou promover a colaboração em um projeto específico?
- Como você usou dados para desenvolver uma estratégia?

Tenha em mente que a Amazon é uma empresa que baseia seus projetos no uso de dados. Ao responder, concentre-se na pergunta feita, confira se a sua resposta foi bem estruturada e dê exemplos usando dados ou métricas, se aplicável. Sempre que possível, dê exemplos de situações recentes.

Nem é preciso dizer que para chegar a ter padrões de excelência você precisa saber quais são os seus padrões. A Amazon é muito clara nesse sentido. Nos primórdios, a empresa não tinha a lista completa de seus *Princípios de liderança*; tudo começou com alguns deles e outros foram sendo criados à medida que a companhia crescia. Antes de entrevistar candidatos para saber se eles serão bons para a sua empresa, você precisa ter uma base de comparação e saber quais variáveis está medindo.

Perguntas abertas como as que a Amazon aprendeu a fazer são muito válidas, mas podem ser inúteis, ou até difíceis, se você não souber o que está buscando. Não se trata simplesmente de fazer perguntas abertas, provocativas. Você quer descobrir se os candidatos se encaixam e se têm chances de chegar ao topo do seu negócio ou organização.

Investir em padrões de excelência para prestadores externos

No verão de 2018, a Amazon anunciou um programa que oferecia a empreendedores a oportunidade de ganhar até 300 mil dólares por ano com um negócio próprio fazendo entregas. Com um investimento inicial de 10 mil dólares, as pessoas começariam sua própria empresa de entregas para a Amazon – que em contrapartida ofereceria acesso aos melhores preços para caminhonetes de entrega e seguros. A Amazon também garantiria um fluxo constante de encomendas para eles entregarem, bem como rotas específicas a que eles poderiam se acostumar.[36]

Mas qual é a pegadinha?

Nem todos conseguirão manter os padrões de excelência que a Amazon exige de prestadores externos. Embora as recompensas financeiras do modelo de negócios sejam sedutoras, a empresa deixa claro que a oportunidade exige trabalho duro.

Vejamos os quatro atributos que a empresa lista como requisitos para os candidatos.

Em primeiro lugar, ela exige "Obsessão pelo cliente: o ponto de partida é o cliente". (Parece familiar?)

Em segundo lugar, exige boas habilidades de liderança: "Liderança: você adora gente! Você é ótimo na tarefa de liderar e reter uma equipe de motoristas." Em outras palavras, a Amazon busca pessoas que queiram crescer, não apenas motoristas atrás de um emprego.

Em terceiro lugar, os motoristas precisam "Entregar resultados: sua atitude positiva e confiante inspira a equipe a lidar com um trabalho intenso de entrega, mesmo diante dos desafios". O trabalho será pesado, intenso e desafiador.

Por fim, é preciso ter "Resiliência: ser capaz de conviver bem com a ambiguidade de um negócio de ritmo acelerado, em constante transformação". Muita gente sucumbe diante de negócios com essas características. Se você é assim, melhor nem se candidatar.

Agora comparem com o que a Uber ou a Lyft divulgam aos seus motoristas em potencial. A Uber, por exemplo, fala em flexibilidade e ganhos rápidos.[37] A Lyft tem uma mensagem parecida e diz o seguinte: "Você é seu próprio chefe. Controle onde, como e quando quer receber – seja a caminho do trabalho, seja enquanto sua filha está na escola, seja depois das aulas à noite."[38]

Essas abordagens são bem diferentes da mensagem da Amazon para seus motoristas em potencial, que fala em obsessão pelo cliente, liderança, resultados e resiliência.

Alguns meses depois do anúncio inicial, centenas de novos negócios foram criados nos Estados Unidos, empregando milhares de motoristas que passaram a entregar encomendas da Amazon.

Padrões de excelência para não amazonianos

A Amazon também tem um nível elevado de exigência para vendedores independentes que usam o Amazon Marketplace – e a internet está repleta de relatos de pessoas que foram banidas da plataforma por não se adequarem aos padrões de excelência da empresa. Vejamos a descrição da própria Amazon sobre esses padrões:

A Amazon é obcecada em oferecer a melhor experiência de compra possível aos clientes. Desde as origens de nossa loja, uma das formas como garantimos uma excelente experiência de compra é adquirindo os produtos direto das marcas e vendendo-os nós mesmos aos clientes. Para preservar essa experiência do cliente, podemos escolher adquirir produtos de algumas marcas para venda exclusiva pela Amazon. Outras marcas, por outro lado, podem operar como vendedoras dentro da loja da Amazon se conseguirem manter continuamente nossos padrões para a experiência do cliente. Contudo, para evitar que o cliente fique confuso, se algum produto da marca estiver sendo vendido pela Amazon, a marca não pode vender esse mesmo produto como vendedora independente na loja da Amazon.

Nós medimos a experiência do cliente de várias formas, incluindo alta capacidade de estoque, experiência de entrega, competitividade dos preços e seleção. Oferecemos diversas ferramentas e serviços para ajudá-lo a se adequar aos nossos padrões e ter sucesso nas vendas pela loja da Amazon, inclusive ferramentas de gestão de estoques e automação de preços, serviços de apoio logístico, como o Fulfillment by Amazon (FBA), além de serviços para desenvolver e proteger sua marca, como o *Registro de marca*.

Caso não consiga manter os nossos padrões de experiência do cliente, você pode perder alguns privilégios na atuação como vendedor na loja da Amazon (inclusive a possibilidade de suas ofertas aparecerem nas páginas de detalhamento dos produtos) ou pode até perder a oportunidade como um todo de atuar como vendedor na loja da Amazon. Nesse caso, você ainda pode vender seus produtos para a Amazon, para então nós mesmos vendê-los para os nossos clientes.[39]

Em outras palavras: se você quer mesmo vender na Amazon.com, precisa manter os mesmos padrões de excelência que a empresa espera das transações que ela mesma faz. Caso não trate o cliente com o mesmo respeito exigido dos amazonianos, você corre o sério risco de ter suas listagens removidas ou de acabar sendo banido de vez da plataforma. Como ficou claro, a Amazon investe em diversas ferramentas para ajudar os vendedores independentes a manter esses padrões de excelência – como o FBA, um serviço de apoio logístico por meio do qual a empresa garante que os pedidos sejam processados de acordo com esses padrões.

Em muitos sentidos, o investimento da Amazon nos vendedores independentes funciona de forma semelhante ao que acontece com franquias, em que os franqueados precisam obedecer a determinados padrões da marca. Ao parar numa determinada lanchonete de fast-food, por exemplo, sabemos que seremos recebidos com um sorriso, comeremos uma comida com o mesmo padrão de qualidade de sempre e que, a cada "Obrigado", ouviremos "O prazer é todo meu" como resposta. Quando os franqueadores exigem que os franqueados comprem seus molhos, hambúrgueres e batatas do mesmo fornecedor central, isso garante uma experiência consistente para o cliente, que sabe exatamente o que esperar quando está diante de um negócio com aquela marca. Se acontece algum deslize nessa experiência, a matriz da empresa tem como impor certas regras ou normas disciplinares a seus franqueados.

A Amazon quer que a mesma experiência positiva aconteça quando os clientes compram de vendedores independentes. Quando alguém compra na Amazon.com, a empresa quer que essa experiência seja consistente e agradável. Para isso, investe em regras e ferramentas similares às que existem no sistema de franquias, de forma que o cliente desfrute sempre de uma excelente experiência de compra.

Como investir em padrões de excelência na sua empresa

O sucesso da sua empresa depende dos padrões que ela mantém. Se a experiência do cliente não for consistente, você nunca conseguirá ganhar escala. Se a experiência do cliente for muitas vezes medíocre, o ganho de escala também fica inviável. Só será possível ganhar escala quando a experiência do cliente for boa e consistente.

Na Amazon, investir em padrões de excelência exige uma abordagem holística. O processo começa ao se definirem os padrões que a empresa deseja para seus clientes. Depois, é preciso que todos os envolvidos na experiência de compra obedeçam a esses padrões. Por fim, a empresa tem que investir tempo e dinheiro para fazer melhorias contínuas, como, por exemplo, pedir aos entrevistadores que se perguntem se os candidatos têm capacidade de aumentar o impacto da equipe em que estão entrando.

Para investir em padrões de excelência na sua empresa, comece definindo a experiência do cliente que você quer alcançar. Depois pergunte a si mesmo se as pessoas, os produtos e os serviços com que seu cliente tem contato atendem a esses padrões. Em caso negativo, o que está deixando a desejar? Você precisa investir em produtos de melhor qualidade? Num processo mais rigoroso de contratação? Precisa exigir mais de seus fornecedores?

Você talvez não tenha a mesma influência que a Amazon tem no mercado, mas qualquer empresa pode melhorar continuamente a experiência do cliente. Se o seu negócio for pequeno, por exemplo, será difícil propor que um grande fabricante faça mudanças na empresa dele, como a Amazon consegue fazer, mas você pode buscar outros fabricantes, talvez de menor porte, que consigam oferecer maior qualidade e se preocupar mais com o seu negócio.

Criar uma cultura voltada para padrões de excelência permite que o seu negócio continue sempre com uma cabeça de startup. Se você começa a se desviar desses padrões, tem início o lento e agonizante processo de se tornar uma empresa do "Dia 2".

O "Dia 2" é a inércia. Seguida pela irrelevância, seguida pelo declínio triste e doloroso. Seguida, por fim, pela morte. E é por isso que é sempre o "Dia 1".

– Bezos, carta de 2016

PROPOSTA
Focar em padrões de excelência

P: Quais são as três ou quatro características de seus funcionários mais bem-sucedidos e com o melhor desempenho?

P: Você (e o responsável pelas contratações na sua empresa) fica atento a essas características na hora de contratar novos funcionários?

P: Quem é responsável pelo "controle de qualidade" na sua empresa? O processo está sendo bem conduzido?

Princípio 13:
Medir o que importa, questionar o que é medido e confiar na própria intuição

Muitas decisões importantes que tomamos na Amazon.com podem ser feitas com o uso de dados. Existem uma resposta certa e uma resposta errada, uma resposta melhor e uma pior, e **a matemática nos mostra qual é qual**. Esse é o nosso tipo preferido de decisão.

– Bezos, carta de 2005

Decisões pautadas em dados matemáticos geram amplo consenso, enquanto **decisões com base em opiniões precisam ser debatidas** e costumam ser controversas, pelo menos até serem postas em prática e demonstradas. Instituições que não queiram enfrentar controvérsias precisam se limitar a decisões do primeiro tipo. A nosso ver, fazer isso acaba limitando não apenas as polêmicas como também a inovação e a criação de valor a longo prazo.

– Bezos, carta de 2005

Nos negócios, ficar divagando não é eficiente… mas também não é algo aleatório. É algo **guiado por palpites, instinto, intuição e curiosidade** e alimentado pela profunda convicção de que o benefício para os clientes compensa certa dose de confusão e digressão para chegar lá.

– Bezos, carta de 2018

Para Jeff Bezos, medições, análises e métricas são coisa séria. Há muitas medições que se destacam, mas as mais importantes para ele são *dados* e *dinheiro*.

A maioria das empresas sabe que precisa medir e usar análises de dados para entender a quantas anda seu negócio. Bezos vai além: ele acha que também é preciso avaliar informações de *relatos isolados* para garantir que você não está deixando seus dados e análises enganá-lo. Ou seja, os dados que estão sendo medidos podem até estar corretos, mas, se você estiver medindo a coisa errada, não terá a informação de que precisa.

Não são só os dados financeiros que importam

Tudo na Amazon é determinado pelos dados.

Quase todas as decisões operacionais são tomadas a partir dos dados coletados pelos sistemas da empresa. Com o passar dos anos, a Amazon foi se aprimorando na tarefa de rastrear a atividade do cliente em seu site. É isso que alimenta a ferramenta de recomendações que diz "Clientes que compraram este item também compraram...". Há centenas de milhares de recursos desse tipo, alimentados por algoritmos, que melhoram a experiência do cliente.

O site da Amazon realiza testes constantemente para determinar a melhor cor, o melhor botão, a melhor localização para as avaliações, além de milhares de outros itens. Chamada de Testagem A/B, trata-se de uma abordagem padronizada para definir quais mudanças terão impacto mais positivo na experiência e no comportamento do cliente. (De forma resumida, esse tipo de teste divide os participantes em dois grupos; cada um deles recebe uma opção diferente e depois avalia-se qual delas teve melhor desempenho.)

Quando uma pequena alteração é feita num site, é possível direcionar um número aleatório de pessoas para o novo site e um número semelhante de pessoas para o site sem alteração. Em seguida as interações são rastreadas e monitoradas. Com base nessas informações, é possível determinar analiticamente se os visitantes gostaram da mudança (e compraram mais) ou se a mudança desestimulou as compras, não devendo, portanto, ser implementada.

Para ajudar nesse processo, a Amazon criou uma plataforma interna de experimentação chamada Weblab. Bezos explica seu funcionamento:

> Nós temos uma plataforma interna de experimentação, a "Weblab", que usamos para avaliar as melhorias em nossos sites e produtos. Em 2013, foram 1.976 experimentos em todo o mundo – mais que os 1.092 em 2012 e os 546 em 2011. Um sucesso recente é o novo recurso "Pergunte a quem já comprou". Há muitos anos nos tornamos pioneiros na ideia de disponibilizar avaliações on-line de clientes – clientes que compartilham suas opiniões sobre um produto para ajudar outros a tomar uma decisão de compra mais embasada. O "Pergunte" segue essa mesma tradição. Na página do produto, os clientes podem perguntar qualquer coisa sobre o item. Esse produto é compatível com minha TV/Aparelho de som/PC? É fácil de montar? Quanto tempo dura a bateria? Depois encaminhamos as perguntas para quem já comprou o produto. Como acontece com as avaliações, os clientes ficam felizes em compartilhar seu conhecimento para ajudar outras pessoas. Milhões de perguntas já foram feitas e respondidas.
>
> – Bezos, carta de 2013

Todos os funcionários da Amazon têm acesso a um banco de dados comum que oferece uma quantidade enorme de informações sobre inúmeros aspectos da operação. Uma das estratégias usadas pela empresa para incentivar as invenções em benefício dos clientes é recompensar os funcionários que se debruçam sobre esses dados para descobrir novos padrões de comportamento que indiquem algumas melhorias que poderiam aprimorar a experiência do cliente.

No site da área de Experimentação & Otimização da Amazon (responsável pelo Weblab), a missão do departamento é descrita assim:

> Possibilitamos a experimentação em larga escala para ajudar a Amazon a criar melhores produtos para os clientes. A testagem A/B está no DNA da Amazon, e nós estamos no centro da cultura de inovação da Amazon.
>
> A equipe de Experimentação & Otimização da Amazon constrói a tecnologia responsável por alimentar os negócios dinâmicos da empresa, em contínuo crescimento. Trabalhamos com engenharia e ciência para ajudar os líderes da Amazon a tomar decisões racionais com base em dados. Temos equipes trabalhando com inferência causal, análise decisória, experimentação e previsão. Construímos e usamos ferramentas científicas práticas que rodam em sistemas de processamento usados por quase todos os negócios e organizações na Amazon e suas subsidiárias. Ajudamos as equipes a entender o valor de longo prazo que seu trabalho gera para a empresa, para os clientes, fornecedores, parceiros e outros.[40]

Métricas financeiras

Quando se trata de dados financeiros, a maioria das empresas negociadas na bolsa foca no lucro líquido, no lucro líquido por ação e na taxa de crescimento do lucro líquido. Bezos, não. Ele prefere medir o *fluxo de caixa livre* por ação. Eu não sou analista financeiro; sou especialista em tecnologia e risco. Não comando uma empresa multibilionária e, sendo bem transparente, não posso afirmar que entendo totalmente esse conceito. Mas Bezos entende. Ele sabe o que medir e quais métricas importam.

O *fluxo de caixa livre* é o valor que uma empresa possui em caixa depois de ter pagado os custos fixos necessários para manter as portas abertas – como aluguel, equipamento, manutenção e melhorias, além de tecnologia – e se manter em dia com suas obrigações de pagamento de dívidas.

Trata-se basicamente do resultado discricionário, ou o "dinheiro que você pode gastar" no mundo corporativo. É diferente do conceito simples de "fluxo de caixa", porque leva em conta os gastos que a empresa precisa manter para continuar operando em boas condições. Portanto, pode ser uma maneira mais precisa de estimar a saúde de uma empresa do ponto de vista do fluxo de caixa.

A carta de 2004 é toda dedicada à importância do fluxo de caixa livre e traz gráficos e exemplos detalhados. Nela, Bezos define o que entende por *fluxo de caixa livre* no contexto da Amazon:

> Nossa principal métrica financeira, que mais queremos impulsionar no longo prazo, é o fluxo de caixa livre por ação.
> O *fluxo de caixa livre* é o caixa líquido gerado pelas atividades operacionais menos as compras de imobilizado, incluindo soft-

ware de uso interno e desenvolvimento do site, ambos apresentados em nossas demonstrações de fluxo de caixa.

– Bezos, carta de 2004

O fluxo de caixa livre por ação é a forma preferida de Bezos e da Amazon para avaliar a saúde financeira da empresa. O principal argumento é que as métricas típicas de Wall Street nem sempre pintam um quadro preciso sobre a saúde ou o valor das empresas.

Por isso, esse Princípio de crescimento fala em medir o que importa.

Bezos dedicou toda a carta de 2004 a explicar por que prefere o fluxo de caixa livre, em detrimento do lucro líquido por ação, e até hoje isso é parte de sua estratégia financeira. Ainda assim, milhões de investidores continuam com o foco voltado para o lucro líquido, o lucro líquido por ação e o crescimento do lucro líquido. Será então que esses investidores rejeitam a premissa de Bezos? Ou será que é porque é fácil continuar fazendo o que o mercado de investimentos vem ditando há décadas?

Seja qual for sua opinião sobre a melhor forma de medir a saúde corporativa – se por meio do fluxo de caixa livre ou do lucro líquido –, o importante é que o sucesso de Bezos ao conduzir a Amazon no sentido de maximizar o fluxo de caixa livre em vez do lucro líquido levanta pelo menos uma questão: será que na nossa empresa nós estamos medindo o que realmente importa?

Num mundo que trata com total respeito a antiga máxima "O que é medido é feito", isso se prova especialmente essencial. Em termos específicos, o que sua equipe de liderança pode pedir dos funcionários se todas as reuniões de análise financeira se dedicam a falar do lucro líquido? Sem dúvida, se você operar segundo a maneira tradicional de medir o progresso financeiro, o foco deles recairá apenas no aumento do lucro líquido. Mas e se o foco se voltasse para o fluxo de caixa livre? Os esforços passariam a ser no sentido de melhorar essa medida, que é mais focada no pensamento de longo prazo.

Para que sua empresa consiga medir o que importa, em primeiro lugar você precisa identificar a principal medida do sucesso ou progresso para a sua organização. Se seu objetivo é crescer como a Amazon, talvez o foco principal seja mesmo o fluxo de caixa livre. Depois de decidir sua principal métrica, trabalhe com seus líderes para identificar dados menores que você pode medir para saber se está indo na direção certa.

Faça isso em todos os níveis de seu negócio: com a organização como um todo e com cada departamento, equipe, cargo e a cada novo projeto ou iniciativa. No nível organizacional, quais medidas podem ajudá-lo a saber se está indo na direção certa? Siga essa linha de raciocínio também para todos os departamentos, equipes, cargos. Ao experimentar novas iniciativas, meça para ver se o desempenho é consistente com seu objetivo maior.

Com uma visão mais clara sobre o que mais importa, pode ser que você acabe medindo dados que jamais imaginou terem relevância e deixe de prestar atenção em métricas que vem analisando há muitos anos.

Ao medir o que importa e questionar o que é medido, você e sua equipe ficam preparados para trabalhar juntos em prol do objetivo comum mais importante para a sua empresa.

> Nossas decisões vêm refletindo esse foco consistentemente. Primeiro, medimos nosso desempenho nos termos das métricas que melhor indicam nossa liderança de mercado: crescimento da base de clientes e das receitas, o grau em que nossos clientes continuam comprando de nós de modo recorrente e a força da nossa marca.
>
> – Bezos, carta de 1997

Questione o que é medido

A Amazon já teve uma boa cota de desafios ao longo do caminho. Mas, quando Bezos olha para os números, consegue ver também o quadro mais geral. Na época em que estourou a bolha da internet, a empresa sofreu um duro golpe, com uma queda no valor de suas ações, que passou de 113 para 6 dólares em menos de um ano.

Como já vimos, a carta aos acionistas desse ano em questão começou com uma interjeição: "Caramba!" Numa entrevista para David Rubenstein, Bezos descreveu o período:

> Todo aquele período é muito interessante, porque a ação não é a empresa, e a empresa não é a ação. Assim, enquanto testemunhava a ação cair de 113 para 6 dólares, eu também estava de olho em todas as nossas métricas internas de negócios, no número de clientes e no lucro por unidade. Tudo que você possa imaginar, as falhas, etc. Tudo que dizia respeito ao negócio estava ficando melhor – e rápido! Enquanto o preço da ação seguia no caminho errado, tudo dentro da empresa caminhava na direção certa.
>
> A gente não precisou recorrer ao mercado de capitais. Não precisamos de mais dinheiro. A única dificuldade trazida por um golpe financeiro desse tipo, de quando estourou a bolha da internet, é que fica mais difícil conseguir dinheiro. Mas, sabe, nós já tínhamos o dinheiro necessário. Portanto, só precisávamos continuar progredindo.

E ele continuou:

> As pessoas sempre nos acusaram de vender notas de um dólar por 90 centavos e diziam que qualquer um consegue fazer isso e aumentar as receitas. Não é o que estávamos fazendo. Sempre

tivemos margens brutas positivas. É um negócio de custo fixo. Assim, o que eu via nas métricas internas era que a partir de um certo volume conseguiríamos cobrir nossos custos fixos e tornar a companhia lucrativa.

– Entrevista de 2018 para o
The David Rubenstein Show, Bloomberg

Confie na sua intuição

A Amazon não usa os dados cegamente como único critério para tomar decisões. No Fórum de Liderança de 2018 que aconteceu no Bush Center, na SMU, Bezos falou sobre a importância dos relatos isolados para medir o desempenho [ligeiramente editado em nome da clareza]:

> Ainda mantenho um endereço de e-mail que os clientes podem usar para me escrever. Leio a maioria das mensagens. Não consigo mais responder muitas delas. Mas leio tudo e encaminho algumas, aquelas que despertam minha curiosidade. Encaminho para os executivos responsáveis por aquela área específica acrescentando um ponto de interrogação.
> O ponto de interrogação é só uma forma taquigráfica de dizer: Você pode dar uma olhada nisso? Por que isso está acontecendo? O que está havendo?
> E o que acho muito interessante é que temos toneladas de métricas, fazemos análises semanais desses dados e acompanhamos muitas coisas sobre os nossos clientes. Se estamos entregando no prazo, se os pacotes estão com ar demais, se estamos desperdiçando embalagem. Assim, são muitas as métricas que monitoramos.
> O que percebi é que, quando os relatos isolados não batem com os dados, os primeiros costumam estar certos. Tem algo de errado com a forma como isso está sendo medido.

Quando você envia bilhões de encomendas por ano, com certeza precisa de bons dados e boas métricas. Está entregando no prazo? Está entregando no prazo em todas as cidades? E em grandes condomínios de apartamentos? E em determinados países? Sem dúvida você precisa dessas informações. Mas depois é necessário bater esses dados com sua intuição e seus instintos. E você precisa ensinar isso a todos os executivos seniores e de engenharia.

> Todos os relatos de clientes importam. Nós pesquisamos cada um deles porque eles nos dizem alguma coisa sobre os nossos processos. É um monitoramento que nossos clientes fazem por nós. Nós os tratamos como preciosas fontes de informação.
> – Jeff Wilke, CEO da divisão Worldwide Consumer da Amazon

Conclusão: sempre haverá tensão entre os dados e a intuição, mas ambos são necessários.

A confiança dos clientes

Os clientes têm sido muito receptivos a nossas novas iniciativas, em larga medida porque trabalhamos duro para conquistar a confiança deles. Ganhar a confiança dos clientes é um ativo valiosíssimo. E, se você tratar mal os dados deles, eles vão acabar sabendo, vão acabar descobrindo. Os clientes são muito inteligentes. Nunca os subestime.
– Entrevista de 2018 para Mathias Döpfner, CEO da Axel Springer, empresa controladora do Business Insider[41]

Seja qual for a principal medida de sucesso no seu negócio – relatórios contábeis ou fluxo de caixa livre por ação, por exemplo –, se os clientes não confiam na forma como você utiliza os dados, você está perdido.

Vale repetir que tudo na Amazon é determinado pelos dados. Quase todas as decisões são tomadas com base nos dados coletados pelos sistemas da empresa.

E por que a Amazon é tão focada em dados?

A principal razão é para poder ter obsessão *pelo* cliente.

PROPOSTA

Medir o que importa, questionar o que é medido e confiar na própria intuição

P: Você já identificou os principais dados que guiam o seu negócio?

P: Você consegue analisar todos os dados que mede para descobrir quais são as métricas que realmente importam?

P: (Você está medindo alguma coisa, não é?)

Princípio 14:
Acreditar que é sempre o "Dia 1"

Como sempre, anexo uma cópia de nossa carta original, de 1997. **Continua sendo o "Dia 1".**

– Bezos, carta de 2018

O que significa, afinal, "Dia 1"? Já ficou claro que é algo importantíssimo para Bezos. Ele se refere à carta de 1997 todos os anos, lembrando aos donos de ações que, na Amazon, será sempre o "Dia 1".

Mas o mais interessante é que o "Dia 1" é *um conceito, não uma data*.

A Amazon surgiu como um negócio on-line. Não houve uma grande inauguração com balões, muito menos fogos de artifício. O primeiro funcionário foi o próprio Bezos, que logo em seguida contratou programadores, não vendedores.

Então por que a ideia do "Dia 1" é tão importante para ele?

Depois de estudar as *Cartas aos acionistas*, além de documentos e entrevistas com Bezos, duas coisas ficaram muito claras para mim.

Em primeiro lugar, o "Dia 1" representa todos os *Princípios de liderança* que ajudaram a Amazon a se tornar o que é hoje. É uma âncora para reconhecer e lembrar os valores iniciais e o foco obstinado em atender às necessidades dos clientes e até mesmo encantá-los.

Em segundo lugar, o "Dia 1" é uma mentalidade, não uma lista de passos ou estratégias. É a mentalidade que determina todas as decisões. Foi pensada para manter todos da empresa focados em fazer o que é certo em cada situação, não apenas o que é possível, levando em conta o tamanho e a influência da Amazon. Porque, como aqueles blocos de construção infantis, se a fundação não estiver estável, todo o resto acabará desmoronando. E aí chega-se ao "Dia 2". Vale a pena repetir:

> O "Dia 2" é a inércia. Seguida pela irrelevância, seguida pelo declínio triste e doloroso. Seguida, por fim, pela morte. E é por isso que é sempre o "Dia 1".
>
> – Bezos, carta de 2016

No "Dia 1", poucas coisas – se é que existe alguma – são mais importantes do que os clientes.

Como funcionários que vivem de contracheque em contracheque, muitos negócios vivem de cliente em cliente no começo. É como se a catástrofe estivesse a um ou dois clientes de distância.

Quando a Amazon estava em seus primórdios, Bezos disse que nos primeiros 30 dias já sabia que eles conseguiriam sobreviver. Mas, considerando a pequena receita por cliente com a venda de livros, para crescer, a Amazon precisava aumentar o número de consumidores. Precisava urgentemente de escala. Na verdade, não apenas tinha que aumentar o número de clientes como levá-los a fazer compras recorrentes, para se tornar a empresa que é hoje.

Assim, do "Dia 1" em diante, a Amazon sempre foi obcecada em conquistar vendas e repeti-las. A empresa é obcecada em entender seus clientes – o que eles querem e o que querem evitar.

Quase todas as decisões são tomadas com isso em mente. Como explica Bezos:

> Seu foco pode estar na concorrência, nos produtos, na tecnologia, no modelo de negócios e em muitas outras coisas. Mas, a meu ver, o foco obsessivo no cliente é de longe o que mais garante a vitalidade do "Dia 1".
>
> – Bezos, carta de 2016

Resistir aos *proxies*

Uma parte essencial da filosofia de que "é sempre o 'Dia 1'" é o que Bezos chama de "resistir aos *proxies*". Para simplificar, *proxies* (nesse contexto) são quaisquer tipos de justificativa que as pessoas usam para culpar os outros por ações ou decisões abaixo do ideal. Os *proxies* oferecem às pessoas desculpas para que se distanciem das próprias ações. Exemplos bem comuns são políticas, procedimentos, processos e às vezes até as ordens de outra pessoa.

Você já ficou irritado porque um representante de determinada empresa não conseguiu ajudá-lo, alegando que era uma questão de "política da empresa", que "os procedimentos não permitiam" ou que "estava apenas seguindo ordens"? Em caso positivo, você foi testemunha de um funcionário que não resistiu aos *proxies*. Na Amazon, a "política da empresa" ou qualquer outro *proxy* não podem servir de desculpa para o funcionário não fazer a coisa certa pelo cliente.

É claro que todo negócio precisa de procedimentos e processos para que as coisas sejam feitas, de regras e de melhores práticas para operar com eficiência. Mas esses procedimentos, políticas, regras e outros *proxies* nunca deveriam ser usados como desculpa para não se fazer o que é certo quando se trata de atender bem os clientes.

Portanto, outra forma de dizer o que Bezos descreve como "resistir aos *proxies*" seria: "tudo bem se desviar das políticas e dos procedimentos" quando isso for o certo a se fazer em prol do cliente.

As políticas e os procedimentos são feitos para ajudar a guiar as decisões, mas não à custa das necessidades dos consumidores. Para crescer como a Amazon e continuar sendo uma empresa do "Dia 1", não se pode deixar que os *proxies* ditem a atuação de sua equipe. Quando se chega ao ponto em que os procedimentos regem de forma inflexível tudo que sua equipe faz – sem que esses procedimentos sejam ao menos questionados –, você começa a passar do "Dia 1" para o "Dia 2".

Adotar tendências externas

Até mesmo empresas inteligentes e bem-sucedidas podem ter dificuldade para reconhecer como uma nova tendência é capaz de afetar todo o seu modelo de negócios. Nas palavras de Bezos:

> Não é difícil identificar essas grandes tendências (muito se fala e escreve sobre elas), mas, para as grandes empresas, pode ser extremamente difícil segui-las.
>
> – Bezos, carta de 2016

O maior obstáculo para compreendermos como as novas tendências terão impacto numa organização é a atitude da empresa em relação a assumir riscos, em especial quando se trata de uma nova tendência. Sempre que as empresas ficam limitadas a fazer as coisas "do jeito que sempre foram feitas", as lideranças e as bases se mostram resistentes a assumir riscos – e novas tendências sempre dão a impressão de serem arriscadas. Nesse ambiente, os funcionários talvez acreditem que qualquer falha é capaz de acabar com sua carreira. Para muitos, simplesmente não vale a pena. E assim começa o processo de se tornar uma empresa do "Dia 2".

No "Dia 1", contudo, as empresas estão cientes das tendências externas pelo simples fato de que elas também são novas e estão vulneráveis a concorrentes maiores ou mais estabelecidos. Assim, procuram maneiras de usar essas tendências para crescer e atender melhor seus clientes. O segredo é manter a mentalidade do "Dia 1", mesmo depois de se tornar uma empresa de 100 bilhões de dólares. O que os clientes estão exigindo de outros negócios? O que outras empresas bem-sucedidas estão começando a fazer? Como você pode usar essas informações para atender melhor seus clientes?

A velocidade é mais importante do que a perfeição

No "Dia 1", as decisões são tomadas *com rapidez*. Alguém com autoridade está disponível para tomar decisões rápidas. Em geral, essa pessoa é o próprio fundador. Muitas vezes, ele é o único funcionário da empresa.

No "Dia 1", não podemos esperar informações perfeitas e completas para tomar uma decisão – escolhemos a melhor alternativa possível com as informações disponíveis. É preciso agir rápido. Como diz Bezos, uma cultura do "Dia 1" prioriza a velocidade em detrimento da perfeição quando se trata de tomar decisões. No contexto do "Dia 1", vale a pena repetir o alerta:

> A maioria das decisões precisa ser tomada com algo em torno de 70% das informações que você gostaria de ter. Se esperar para ter 90%, o mais provável é que você seja lento demais. Além disso, seja como for, é preciso saber reconhecer e corrigir depressa as decisões ruins. Se você for bom em correção de curso, estar

errado pode ser menos custoso do que parece, ao passo que ser lento certamente vai custar caro.

– Bezos, carta de 2016

Isso está diretamente relacionado a um dos mais importantes *Princípios de liderança da Amazon*:

> **Ser firme, discordar e se comprometer:** Líderes são obrigados a desafiar respeitosamente as decisões das quais discordam, mesmo que isso seja incômodo ou muito cansativo. Líderes têm convicção e são obstinados. Eles não cedem em prol da coesão social. Depois que uma decisão é tomada, comprometem-se por inteiro.

E quanto às decisões ruins? Nenhum problema.

Se depois de tomar uma decisão de Tipo 2 ficar claro que foi uma escolha ruim, você simplesmente toma uma nova decisão rapidamente, usando as informações que obteve a partir do que saiu errado. Em outras palavras: um benefício extra da tomada rápida de decisões decorrente da cultura do "Dia 1" é a capacidade e a disposição a tomar outra decisão rapidamente quando algo não sai conforme o planejado.

Comprometa-se com uma cultura do "Dia 1" agindo e pensando como uma startup

A mentalidade do "Dia 1" pode ser aplicada a qualquer tipo de negócio, de qualquer ramo, desde startups até empresas maduras. Não é fácil, mas o segredo é lembrar que o "Dia 1" é uma *mentalidade*. Aplicar esse raciocínio numa empresa madura ajuda a evitar o desperdício e a manter o foco no que tornou a empresa bem-sucedida em primeiro lugar.

Trabalhar numa startup é ter que lidar com longas jornadas de trabalho e grandes sacrifícios. Mas a experiência também pode ser revigorante. Quando uma empresa amadurece, é natural que a liderança perca o foco nos pequenos (ou grandes) detalhes que a ajudaram a crescer. Para evitar que isso aconteça, a Amazon usa sinais visíveis e invisíveis para reforçar a importância da cultura do "Dia 1" em tudo que faz – desde as "mesas-porta" até o nome dos edifícios, é preciso lembrar os valores essenciais com que a empresa começou.

Pode ser exaustivo manter o mesmo foco e a mesma paixão que havia quando o negócio estava de fato no "Dia 1". Entretanto posso garantir que é ainda mais exaustivo abandonar essa mentalidade, virar a página no calendário da empresa para o "Dia 2" e vê-la cair num "declínio lento e doloroso", como descreve Bezos.

Esse tipo de declínio acontece em câmera lenta. Meses e anos de ausência de foco acabam criando uma dinâmica negativa. Logo, quanto mais você esperar, mais difícil será voltar para o "Dia 1". Seja como for, hoje é sempre o melhor dia para começar a construir uma cultura do "Dia 1". Se você já resvalou para o "Dia 2" meses ou mesmo anos atrás, das duas, uma: ou se afunda ainda mais, ou adota alguma iniciativa para voltar atrás.

Na carta de 2016, Bezos respondeu à seguinte pergunta: "Jeff, como é o 'Dia 2'?"

> Estou mais interessado na pergunta: Como se proteger contra o "Dia 2"? Quais são as técnicas ou táticas que podem ser adotadas? Como manter a vitalidade do "Dia 1", mesmo dentro de uma grande organização?
>
> A resposta não é simples. São muitos elementos, múltiplos caminhos e várias armadilhas. Não sei a resposta completa, mas talvez saiba algumas partes. Eis um pacote de ingredientes bá-

sicos para defender o "Dia 1": ter obsessão pelo cliente e uma visão cética em relação aos *proxies*, adotar tendências externas com entusiasmo e ser ágil na tomada de decisões.

– Bezos, carta de 2016

Em outras palavras: ou o seu negócio cresce, ou então morre. Não existe meio-termo. E a única maneira de evitar o "Dia 2" é acreditar que é sempre o "Dia 1".

PROPOSTA

Acreditar que é sempre o "Dia 1"

P: Se o seu negócio tem mais de cinco anos, pergunte a si mesmo o seguinte: o que nós fizemos lá no início que eu gostaria que ainda estivéssemos fazendo?

P: Se o seu negócio tem menos de cinco anos, diga a si mesmo o seguinte: daqui a 10 anos, espero que estejamos ganhando muito mais dinheiro, mas também espero que a gente não tenha parado de... [complete].

P: Seja qual for o tempo de existência do seu negócio, pergunte a si mesmo o seguinte: o que posso fazer regularmente para criar uma mentalidade do "Dia 1"?

Uma mentalidade voltada para o risco e o crescimento

Estamos de fato no "Dia 1" da internet, e, se executarmos bem nosso plano de negócios, será sempre o "Dia 1" para a Amazon.com. Levando em conta o que já aconteceu, talvez seja difícil conceber algo assim, mas acreditamos que as **oportunidades e os riscos à nossa frente são ainda maiores que os do passado.** Teremos que fazer muitas escolhas conscientes e deliberadas, algumas audaciosas e pouco convencionais.

– Bezos, carta de 1998

Você deve conhecer o ditado "É preciso jogar para ganhar". Mas Bezos joga para *aprender*.

Essa é a diferença entre fazer apostas e assumir riscos *intencionais*.

Como já disse antes, correr riscos aleatórios e torcer para ganhar é como lançar dados ou girar uma roleta – nunca se sabe o que vai sair ou onde a roleta vai parar. No caso de Bezos, ele assume riscos não apenas deliberados como também *contraintuitivos*.

Eis alguns exemplos que já mencionamos:

Amazon Marketplace: Muitos achavam absurda a ideia de

disponibilizar produtos de concorrentes na plataforma exclusiva de vendas da Amazon. Bezos trouxe a concorrência para dentro do site da empresa.

Amazon Prime: O frete era extremamente caro e *quase ninguém* pagava para enviar os pedidos aos clientes (sem inflacionar muito o preço). Bezos ofereceu frete grátis a preços baixos.

Kindle: Muita gente achava que os livros eletrônicos não seriam bem recebidos por um público acostumado a ler livros físicos. Bezos criou o Kindle para armazenar milhares de títulos e ser lido não como um livro físico, mas *melhor* do que isso: com a possibilidade de fazer destaques e sincronizar diferentes plataformas.

Amazon Web Services (AWS): O AWS foi concebido originalmente para servir de sistema operacional interno apenas para a própria Amazon. Mas Bezos decidiu abrir sua plataforma proprietária para outros desenvolvedores. Na época, ninguém oferecia software como um serviço e não se esperava isso da Amazon (o que acabou lhe garantindo uma vantagem competitiva de sete anos). Bezos usou uma estratégia diferenciada.

Ele foi contra a corrente? Sem dúvida. Tudo foi um "sucesso" desde o início? Claro que não.

Bezos, porém, não é imprudente ao assumir riscos, o que seria a receita infalível para quebrar rápido. Ele arrisca com muita cautela e consciência, e tudo gira em torno de como ele enxerga o sucesso.

Muita gente talvez pense: "Ah, claro, Bezos consegue assumir riscos porque é o homem mais rico do mundo." Mas assumir riscos de forma deliberada é uma mentalidade, não importa quanto dinheiro você tenha.

Na época em que Bezos ainda dirigia um Honda Accord e estava começando um negócio on-line quando praticamente *ninguém* tinha acesso à internet, ele assumiu riscos intencionais e de fato investiu seu dinheiro, o dinheiro de seus pais e de seus amigos nisso. Foi um verdadeiro investimento. Sim, foi um investimento num negócio, mas também numa ideia: o comércio on-line. Depois, como a maioria das startups, ele teve que continuar reinvestindo em sua ideia para que o negócio crescesse e ganhasse escala.

Bezos não evita os riscos a qualquer custo; ele investe neles como um custo para operar seu negócio. A verdade é que ele abraça o risco como forma de aprender e crescer.

À medida que a companhia decolava, foi um grande risco enfrentar Wall Street. Eles queriam avaliar o negócio com base nos resultados trimestrais, mas Bezos usava o crescimento da companhia como um todo (sua trajetória) para medir mais precisamente como a Amazon estava se saindo no longo prazo.

Hoje, Bezos é tão focado no longo prazo que delega a maioria das operações do dia a dia para sua equipe e passa grande parte do tempo pensando sobre o que a Amazon é, o que ele quer que a empresa seja e o que quer que aconteça depois.

Mas para ele o "depois" é o que vai acontecer daqui a dois ou três anos. Vejamos o que disse recentemente:

> Os amigos me dão os parabéns após o anúncio dos resultados trimestrais e dizem: "Ótimo trabalho, excelente trimestre." Então eu respondo: "Obrigado. Esse trimestre vem sendo preparado há três anos. Estou trabalhando agora mesmo num trimestre que só vai acontecer em 2021."
> – Entrevista de 2018 para Randall Lane, da revista *Forbes*[42]

Por definição, operar de olho no futuro implica assumir riscos deliberados, porque não é possível saber o que o dia de amanhã trará.

E agora que a Amazon alcançou a marca de 100 bilhões de dólares, Bezos declarou:

Quando uma empresa cresce, *tudo* precisa ganhar escala, inclusive o tamanho dos experimentos que não dão certo. **Se o tamanho dos fracassos** não estiver aumentando, suas invenções não vão estar à altura **de realmente fazer alguma diferença**. A Amazon só estará fazendo experimentos na escala certa para uma companhia do nosso porte se eventualmente tivermos fracassos multibilionários. É claro que não vamos fazer esses experimentos sem critério. Vamos trabalhar duro para transformá-los em boas apostas, mas nem todas as apostas terão valido a pena. Assumir grandes riscos faz parte do serviço que nós, como empresa grande, podemos oferecer aos nossos clientes e à sociedade. A boa notícia para os donos de ações é que uma única grande conquista pode compensar de longe o custo de muitos fracassos.

– Bezos, carta de 2018

Até para mim é difícil compreender essa noção de eventualmente ter "fracassos multibilionários". Mas, como já dissemos, Bezos é um grande mestre no quesito risco.

Como Bezos desenvolveu uma mentalidade voltada para o risco e o crescimento?

Bezos não começou logo de cara como multibilionário. Tinha um bom salário no emprego que largou para seguir em frente com a ideia de montar um negócio on-line – algo que muitas pessoas diriam que era maluquice. Ele teve que pedir aos pais cerca de 300 mil dólares para alavancar sua ideia. Nas palavras dele:

A primeira pergunta do meu pai foi: o que é internet? Ele não estava fazendo uma aposta numa empresa ou num conceito. Estava apostando no filho.

– Discurso de 1998 para a Lake Forest College[43]

Bezos sempre foi um sujeito frugal, apaixonado, e estava disposto a assumir riscos para fazer seu negócio crescer. Mostrava-se inteligente, obstinado, praticamente um fanático quando se tratava de focar nos clientes.

Vinte anos depois, em 2018, Jeff Bezos foi considerado formalmente, pela *Forbes*, a pessoa mais rica do mundo (acho que agora é oficial que estamos falando de um multibilionário).

Contudo, ele diz que "ganhou na loteria" não por ter se tornado o homem mais rico do mundo, e sim por ter uma família amorosa que sempre o apoiou. Sua mãe é Jackie Gise, que o teve aos 17 anos, em 1964, quando ainda era estudante do ensino médio no Novo México. Ela se casou com Miguel "Mike" Bezos, engenheiro de petróleo, que o adotou.

Dos 4 aos 16 anos, Bezos passou todas as férias de verão com os avós maternos, trabalhando no rancho deles no sul do Texas. Seu avô, Lawrence Preston Gise, foi um dos primeiros funcionários a trabalhar no que acabou se tornando a Agência de Projetos de Pesquisa Avançada de Defesa dos Estados Unidos (Darpa, na sigla em inglês). O Departamento de Defesa criou esse grupo especial dentro do Pentágono depois que a União Soviética lançou o Sputnik. Era um grupo composto dos mais brilhantes cientistas e engenheiros.

Para Bezos, ele era só o "vovô", com quem conviveu durante muito tempo:

> Ele sempre foi incrivelmente respeitoso comigo, mesmo quando eu era pequeno. Tinha longas conversas comigo sobre tecnologia, sobre o espaço e qualquer coisa que me interessasse.[44]
>
> Quando eu tinha 4 anos, me fez acreditar que eu o estava ajudando no rancho – o que não era verdade, claro. Mas eu acreditei.[45]

Bezos contou que dava voltas na caminhonete, montava a cavalo e, quando cresceu, começou a fazer pequenos trabalhos para ajudar no rancho. Ajudava o avô a consertar moinhos de vento e maquinário pesado, a construir cercas e até a fazer alguns procedimentos veterinários, como suturar vacas com prolapso (brincando, ele disse: "Algumas inclusive sobreviveram!").

Uma das coisas mais interessantes sobre esse estilo de vida e sobre o meu avô é que ele fazia tudo sozinho. Não chamava um veterinário quando os animais ficavam doentes; ele mesmo descobria o que fazer.

O entrevistador conclui:

Essa desenvoltura e essa ética de trabalho de "se virar" foram passadas a Bezos por seu avô enquanto ele trabalhava no rancho de cerca de 100km^2 perto de Cotulla, no Texas.[46]

Só podemos imaginar o tipo de conversa que Bezos tinha com o avô. Imagino que falavam muito sobre o trabalho (não confidencial) que estava sendo feito na Darpa. Minha aposta é que essas conversas alimentaram ainda mais a imaginação já fértil e o fascínio de Bezos com as possibilidades de longo prazo oferecidas pelos voos espaciais. Dispor de tempo, trabalhar duro, inventar e consertar coisas, ter pais e avós amorosos foram uma excelente combinação para aquele menino que estava se transformando num rapaz.

Bezos tinha só 5 anos de idade quando Neil Armstrong pisou na Lua e 7 anos quando se deu o "fracasso bem-sucedido" da *Apollo 13*. Parece razoável pensar que ele e o avô podem ter tido longas conversas sobre o futuro das viagens espaciais e o que significaria voltar à Lua e realizar feitos ainda mais ambiciosos.

Quando Bezos estava no ensino fundamental, vivenciou em primeira mão uma experiência com um computador. Em 2001, numa entrevista para a Academy of Achievement, ele contou:

> Uma empresa em Houston tinha emprestado um computador mainframe para essa pequena escola de ensino fundamental. E ninguém, nenhum dos professores, sabia operar aquela máquina. Mas havia uma pilha de manuais, então eu e mais algumas crianças ficávamos depois da aula aprendendo a programar aquela coisa.[47]

Uma das primeiras descobertas deles foi que o computador tinha um joguinho primitivo do *Star Trek*, e a partir daí eles passaram a usar o computador para jogar.

Não se pode subestimar o impacto do programa de TV *Star Trek* e da sequência de filmes; basta falar para a Alexa "Earl Grey, quente" (uma fala do capitão Jean-Luc Picard no *Star Trek: a nova geração*), que ela responderá com variações de "os replicadores desta nave ainda não estão operantes".

A família de Bezos se mudou para a Flórida, onde ele terminou o ensino médio em Miami. Na formatura, foi o orador da turma. Não é surpresa que seu discurso tenha sido sobre o espaço. A ideia – influenciada pelo dr. Gerard O'Neill, astrofísico de Princeton – era que a Terra tinha recursos limitados, então ele queria tirar as fábricas e a humanidade de sua superfície e levar para o espaço, para proteger o planeta.

Bezos disse que a Terra deveria ser transformada num Parque Nacional que as pessoas visitariam nas férias, mas nossas casas ficariam no espaço. O discurso foi tão intrigante que chamou a atenção de um repórter do *Miami Herald*, que publicou um artigo sobre o assunto.[48]

Bezos entrou para a Universidade de Princeton com o desejo

de ser físico. Ele conta essa história num artigo para o *Guardian* e explica que a mecânica quântica acabou com suas pretensões. Por fim, ele se formou com dois diplomas: ciência da computação e engenharia elétrica. Nas palavras dele:

> Uma das principais coisas que eu aprendi em Princeton foi que não sou inteligente o bastante para ser físico.[49]

Depois ele se mudou para a cidade de Nova York, onde conheceu a mulher que viria a ser sua esposa. Eles se casaram e Bezos trabalhou em diferentes empresas do setor financeiro e em Wall Street. Nessa época, ele já sonhava em montar sua própria empresa.

Num discurso que fez na Lake Forest College em 1998, quando a Amazon tinha apenas três anos, Bezos descreveu esse período de sua vida:

> A empresa nasceu na primavera de 1994. Eu tinha acabado de me deparar com um fato surpreendente: o uso da internet crescia a uma taxa de 2.300% ao ano. É preciso ter em mente que os seres humanos não entendem muito bem o crescimento exponencial. A gente não vê isso no nosso dia a dia. E as coisas não crescem nessa velocidade, a não ser em laboratório; não é normal.
> Quando vi isso, pensei: tudo bem, agora, qual plano de negócios faz sentido no contexto desse crescimento? Fiz uma lista com vinte diferentes produtos que podiam ser vendidos on-line. Estava atrás do melhor de todos.
> E escolhi os livros por diversas razões. Mas uma das principais é que há mais itens nessa categoria do que em qualquer outra, disparado. São mais de 3 milhões de títulos diferentes no mundo todo, em todas as línguas. No segundo lugar está a música, com cerca de 300 mil CDs em circulação.

Quando se tem esse gigantesco catálogo de produtos, é possível construir um negócio on-line que não seria viável de outro jeito. As maiores livrarias físicas do mundo, as grandes cadeias de livrarias (que muitas vezes eram antigas pistas de boliche e cinemas) só comportam em média uns 175 mil títulos. E são poucas as que têm esse tamanho.

Em nosso catálogo on-line, conseguimos disponibilizar mais de 2,5 milhões de títulos para os clientes. É importante usar o potencial do ambiente on-line para fazer algo que não se pode fazer de outra forma.

Tudo tem a ver com o princípio mais importante para qualquer negócio: criar uma proposta de valor para o cliente.

E quando pensamos no mundo on-line, especialmente três anos atrás, mas ainda hoje e por mais alguns anos, é preciso construir uma proposta de valor muito interessante para os clientes. Isso porque ainda é penoso usar a internet. Todos já passaram pela situação de modems que se desconectam, navegadores que travam. Há todo tipo de inconveniente: os sites são lentos, assim como os modems.

Nesse cenário atual, se você quer que as pessoas entrem num site, precisa oferecer recompensas incríveis por essa tecnologia primitiva, que ainda está engatinhando. E eu diria que as recompensas precisam ser valiosas a ponto de refletirem o seguinte: hoje, já é possível fazer algumas coisas on-line que simplesmente não podem ser feitas de outra forma.

Portanto, aquele número gigantesco de produtos parecia uma ideia vencedora para um negócio on-line. Só assim uma livraria poderia ter 2,5 milhões de títulos disponíveis. Isso é impossível numa loja física. Ou mesmo num catálogo impresso. Se fôssemos imprimir o catálogo da Amazon.com, ele seria maior do que mais de 40 listas telefônicas da cidade de Nova York juntas.

– Discurso de 1998 na Lake Forest College

> Ele [Bezos] conseguiu enxergar que um tsunami tecnológico se aproximava. Esse tsunami acabaria com os intermediários, criaria novos canais de distribuição, redefiniria a economia e transformaria a maneira como compramos e vendemos. Mas a questão era: a qual domínio deveríamos aplicar isso tudo?
> – Chris Anderson, editor-chefe da revista *Wired*

Bezos se mudou de Nova York para Seattle provavelmente por duas razões. Era lá que ficava a sede da Microsoft, então havia uma grande quantidade de programadores excepcionais, de muito talento. Além disso, dois grandes centros de distribuição de livros estavam ali perto: Ingram e Baker & Taylor.

Ele alugou uma casa com garagem, conexão de internet e, em julho de 1994, nasceu a Amazon.com, abrindo terreno para Bezos realizar seu sonho de se tornar empreendedor.

Cavalos mais velozes

Você já deve ter ouvido a citação atribuída a Henry Ford: "Se eu tivesse perguntado às pessoas o que elas queriam, elas teriam respondido *cavalos mais velozes*."

Todos sabemos o que aconteceu. Ford não tornou os cavalos mais velozes; na verdade, ele criou algo melhor: o cavalo de potência. Não demorou muito até que as pessoas parassem de vez de usar cavalos como meio de locomoção.

Assim como o automóvel substituiu o cavalo, o tempo todo acontecem coisas que transformam nosso modo de fazer negócios e pensar sobre eles. Há sempre novas tecnologias e produtos criativos surgindo sem que a gente faça a menor ideia (lembram-se do skunkworks?).

A mentalidade dominante da época de Ford era de "cavalos mais velozes". Ele teve a ideia de conceber e testar algo novo (um automóvel acessível), construí-lo (o Modelo T), acelerar o processo (com a linha de montagem) e escalar (usando negociantes locais). Em 1927, já tinham sido vendidas mais de 15 milhões de unidades do Modelo T. Ford tinha uma mentalidade voltada para o risco e o crescimento.

O que nos traz de volta ao elemento mais importante quando se trata de risco, crescimento e sucesso: as pessoas.

A partir de suas ideias inventivas e inovadoras, certas pessoas tiveram um impacto enorme no mundo: Henry Ford, Thomas Edison, Steve Jobs e J. K. Rowling são apenas algumas delas. Claro que eu poderia citar muitas outras.

Mas a questão é: com a mesma mentalidade voltada para o risco e o crescimento adotada por Bezos e por esses outros, acredito que todos nós podemos mudar o mundo (onde quer que estejamos) e fazer a diferença.

É disso que se trata quando falamos de uma mentalidade voltada para o risco e o crescimento.

Para além da Amazon

O espaço: a fronteira final. Estas são as viagens da nave estelar *Enterprise* em sua missão de cinco anos para a exploração de novos mundos, para pesquisar novas vidas, novas civilizações, audaciosamente indo aonde nenhum homem jamais esteve.

– *Star Trek*

Por maior que a Amazon seja, para Bezos ela é apenas o meio para se chegar a um objetivo *ainda maior*. Daqui a seis ou sete gerações, quando seus futuros bisnetos tiverem bisnetos, Jeff Bezos quer que exista uma civilização dinâmica, em crescimento, desfrutando livremente do espaço. E ele está usando seu negócio, a Amazon, para financiar esse sonho.

No ano 2000, pouco tempo depois de a Amazon ter nascido, Bezos criou, sem alarde, uma pequena empresa chamada Blue Origin ("blue", azul, a Terra, e "origin", origem, onde habitamos agora no Universo). Hoje, a Blue Origin está na vanguarda da exploração espacial privada. No site da empresa, ele diz:

> Desde que eu tinha 5 anos – quando Neil Armstrong pisou na superfície da Lua –, sou apaixonado pelo espaço, por foguetes, motores de foguete e viagens espaciais.
>
> Todos nós temos as nossas paixões, e não somos nós que as

escolhemos; elas é que nos escolhem, mas é preciso estar atento. É preciso procurá-las.

Esse é o trabalho mais importante que venho fazendo.

O argumento é simples: este é o melhor planeta. Portanto, estamos diante de uma escolha. À medida que avançarmos, teremos que decidir se queremos ou não uma civilização de inércia; seremos obrigados a limitar a população, o uso de energia per capita ou podemos resolver esse problema nos mudando para o espaço.

O problema, é claro, são as viagens espaciais, que são muito caras. Temos que descobrir como reduzir esse custo, e a oportunidade mais incrível está na reutilização. Assim, o que precisamos mesmo é de reutilização operacional, realista, prática e pragmática, como vemos na aviação comercial. Esse é o segredo. Conseguindo fazer isso, reduziremos absurdamente o custo para levar as pessoas ao espaço.

Gostaria que houvesse um monte de startups extremamente empreendedoras fazendo coisas incríveis no espaço.

A ideia de chegar à Lua era tão improvável que as pessoas a citavam como uma metáfora para as coisas impossíveis. O que eu gostaria de extrair disso tudo é: aquilo que você põe na cabeça, você consegue realizar.

[Wernher] Von Braun disse, depois do pouso na Lua, "Aprendi a usar a palavra *impossível* com muita cautela", e espero que vocês adotem essa atitude para a vida.[50]

Por mais competitivo que Bezos pareça, não acho que seus empreendimentos envolvendo o espaço tenham a ver com ganhar uma "competição" contra "rivais" como Elon Musk ou Sir Richard Branson.

Acredito de verdade que ele está construindo as bases – a infraestrutura – para viabilizar a vida futura no espaço. Ele reconhece que, para a Amazon, as fundações já tinham sido construídas antes mesmo de ele ter a ideia de um negócio on-line:

> Olhando para o que a Amazon foi capaz de fazer 20 anos atrás, nós não tivemos que construir uma rede de transportes, porque isso já existia. Esse trabalho pesado já tinha sido feito. Não tivemos que criar um sistema de pagamento; o trabalho pesado já tinha sido feito. Era o sistema de cartões de crédito. Não tivemos que criar os computadores e colocá-los em todas as mesas. Isso também já tinha sido feito, na maioria dos casos para jogar joguinhos, e por aí vai. Todo tipo de trabalho pesado já tinha sido feito 20 anos atrás, e é por isso que consegui começar a empresa com 1 milhão de dólares.
>
> Existem exemplos ainda melhores na internet ao longo dos últimos 20 anos. O Facebook começou num alojamento em Harvard. Garanto que não dá para duas crianças construírem uma empresa espacial gigante a partir de seus alojamentos universitários. É impossível, mas quero criar a infraestrutura pesada. Fazer o trabalho pesado [agora] para que uma futura geração de jovens que moram em alojamentos universitários possa criar uma empresa espacial gigante.
>
> – Fórum de Liderança de 2018,
> "Closing Conversation with Jeff Bezos"

Como Bezos identificou o valor inestimável da infraestrutura

É difícil imaginar um mundo sem internet e conectividade instantânea. A Amazon conseguiu aproveitar essa conectividade usando as "fundações" de serviços já existentes. Por exemplo, será que o Prime com frete de dois dias seria possível se antes a FedEx não tivesse aberto o caminho em 1973, com o slogan "Isso precisa chegar de qualquer jeito até amanhã"? E será que as compras on-line a partir de qualquer lugar teriam acontecido sem o surgimento do iPhone em 2007?

Bezos sempre reconheceu que já havia uma infraestrutura em plena atividade para que a Amazon pudesse existir.

Hoje entregamos mais de 5 bilhões de unidades por ano, temos 100 bilhões de dólares em vendas, centenas de milhares de funcionários, e não estamos sozinhos. Se olharmos para a internet, trata-se agora de um grande mercado, composto de uma série de empresas muito saudáveis, empreendedoras e bem-sucedidas, de todos os formatos e tamanhos, com as mais diferentes missões. É tudo muito dinâmico e emocionante. Tudo aconteceu rápido demais... Apenas duas décadas para ver esse tipo de dinamismo se desenvolver.

Eu sei dizer por que isso aconteceu. Se pensarmos no e-commerce, todo o trabalho pesado já tinha sido feito. Todas as grandes áreas de infraestrutura já estavam em plena atividade. Em 1995, para que a Amazon fosse uma empresa de e-commerce, não tivemos que implantar uma rede nacional de transportes para entregar as encomendas. O serviço postal já existia. A UPS já existia. Isso teria consumido bilhões de dólares e teria levado muitas décadas para ser implementado, mas já estava tudo lá. Não por conta do e-commerce, mas por outras razões.

O mesmo vale para a internet, porque já tínhamos uma rede de telefonia. Você se lembra daqueles pequenos modems que podíamos conectar, aqueles modems acústicos? A internet só foi possível nesses primeiros tempos graças a outra grande área de infraestrutura: a rede de telefonia local e de longa distância. Ela não tinha sido concebida para a internet, tampouco para o e-commerce. Foi concebida para chamadas de voz, mas o fato é que já estava lá. Mesma coisa com os pagamentos remotos: já havia os cartões de crédito, e por aí vai. Portanto, já existia muita coisa.

Se quisermos ver uma dinâmica idade de ouro, com energia empreendedora e milhares de empreendedores fazendo coisas incríveis no espaço, isso ainda não é possível. Em 50 anos, não vimos isso acontecer, porque a infraestrutura pesada ainda não existia. Talvez diversas coisas tivessem que acontecer antes de vermos essa espécie de salto gigantesco, mas na verdade eu acho que basta um grande elemento: precisamos de acesso bem mais barato ao espaço.[51]

A ideia por trás da criação de infraestrutura é como "subir nos ombros de gigantes", ou seja, o que acontece hoje se deve aos esforços extraordinários de outros no passado.

Bezos está trabalhando hoje para criar um "passado" para quem vier no futuro.

A Blue Origin tem como lema a frase em latim *Gradatim Ferociter* (passo a passo, agressivamente).

Não estamos numa corrida, e haverá muitas empresas nessa empreitada humana de ir para o espaço em prol da Terra. O papel da Blue nessa jornada é construir uma rota para o espaço com veículos de lançamento reutilizáveis para que nossos filhos possam construir o futuro. Faremos isso passo a passo, porque é uma ilusão achar que pular algumas etapas nos fará chegar mais rápido. Devagar se vai ao longe.[52]

Como Bezos está "construindo uma rota para o futuro", acredito que ele esteja usando na Blue Origin os mesmos *Ciclos de crescimento* e os *14 Princípios de crescimento* que usou na concepção da Amazon para concretizar seu sonho de tornar as viagens espaciais privadas viáveis. Está testando, construindo, acelerando e escalando. Peguei os *14 Princípios de crescimento* e os apliquei livremente à Blue Origin.

Os 14 Princípios de crescimento (aplicados livremente à Blue Origin):

Testar

1. **Incentivar o "fracasso bem-sucedido"** – a Blue Origin começa com experimentos "pequenos" para ver o que funciona melhor (a exploração espacial é um pouco cara, até mesmo para Bezos).
2. **Apostar em grandes ideias** – as viagens espaciais são, evidentemente, uma grande ideia.
3. **Praticar invenção e inovação dinâmicas** – quando se trata de viagens espaciais, é preciso inventar e criar para o desconhecido.

Construir

4. **Ter obsessão pelo cliente** – os clientes são os futuros passageiros e os bisnetos de nossos bisnetos.
5. **Aplicar um pensamento de longo prazo** – eles estão criando novas formas de levar a vida para daqui a centenas de anos.
6. **Compreender seu *flywheel*** – a Blue Origin começou no ano 2000, e eles foram ganhando impulso à medida que aprendem, crescem e expandem seu negócio com o objetivo de criar veículos reutilizáveis para viagens espaciais.

Acelerar

7. **Agilizar a tomada de decisões** – as decisões são tomadas da forma mais ágil possível, mas sempre com prudência. O mascote da Blue Origin é a tartaruga, porque decisões arriscadas (de vida e morte) têm que ser como a tartaruga da fábula: "Devagar se vai ao longe."
8. **Simplificar o que é complexo** – a Blue Origin está trabalhando para levar pessoas comuns ao espaço, não apenas astronautas.
9. **Acelerar o tempo por meio da tecnologia** – estão sendo feitos e desenvolvidos avanços tecnológicos para tornar as viagens espaciais frequentes e rápidas.
10. **Promover a atitude de dono** – as viagens espaciais são de propriedade privada e não ficam à espera de programas governamentais.

Escalar

11. **Manter uma cultura própria** – uma cultura focada na exploração espacial é, por definição, uma cultura com um objetivo comum a ser alcançado.
12. **Focar em padrões de excelência** – só os melhores e mais brilhantes vão nos levar em segurança ao espaço.
13. **Medir o que importa, questionar o que é medido e confiar na própria intuição** – tudo precisa ser medido, testado, quantificado e replicado para garantir a segurança, mas, quando a intuição contradisser os dados, é preciso questionar e testar de novo.
14. **Acreditar que é sempre o "Dia 1"** – de fato, na Blue Origin é mesmo o "Dia 1". Para se chegar ao espaço, é crucial acreditar nisso e ter essa mentalidade.

Qual é o maior risco?

O negócio da Amazon está alimentando um sonho e uma paixão ainda maiores de Jeff Bezos. A Amazon talvez seja, na verdade, seu *flywheel* pessoal. Ela é o grande impulsionador que faz a exploração espacial seguir adiante; e, assim que a exploração decolar, ganhará impulso próprio.

A meu ver, isso mostra que os *Ciclos de crescimento* e os *14 Princípios de crescimento* têm sido fundamentais para o desenvolvimento da Amazon e também da Blue Origin. Eles podem ser aplicados a praticamente qualquer negócio e organização, em qualquer lugar.

Estou convencido de que a disposição de Bezos e a mentalidade para assumir riscos calculados com o propósito de construir e fazer a Amazon crescer resultam de seu fascínio pelo espaço, do tempo que passou ajudando o avô no rancho e de uma mente inventiva que se desenvolveu desde muito cedo.

Ao seguir esses *Ciclos de crescimento* e os *14 Princípios de crescimento*, você também pode fazer seu negócio crescer como a Amazon.

É, mandar pessoas para o espaço é arriscado. Fazer um negócio crescer é arriscado. Viver é arriscado.

Mas a questão é: e se o maior risco de todos for não assumir riscos suficientes?

~

No final do filme *Apollo 13*, o comandante Jim Lovell diz o seguinte:

> Às vezes me pego olhando para a Lua, lembrando dos reveses de nossa longa viagem, e penso nos milhares de pessoas que trabalharam para trazer nós três de volta para casa. Observo a Lua e penso: quando será que vamos voltar, e quem será que vai voltar?

Carta aos donos de ações de 2018 com os 14 Princípios de crescimento em destaque

Aos nossos donos de ações:

Algo curioso e extraordinário aconteceu nos últimos 20 anos. Vejam estes números:

Ano	%	Ano	%
1999	3%	2009	31%
2000	3%	2010	34%
2001	6%	2011	38%
2002	17%	2012	42%
2003	22%	2013	46%
2004	25%	2014	49%
2005	28%	2015	51%
2006	28%	2016	54%
2007	29%	2017	56%
2008	30%	2018	58%

Os percentuais representam a participação de vendedores externos independentes – em sua maioria negócios de pequeno e médio porte – nas vendas brutas de mercadorias físicas na Amazon, em oposição às vendas feitas diretamente pela Amazon. As vendas de terceiros cresceram de 3% do total para 58%. Para que fique claro:

Os vendedores independentes estão dando uma surra nas nossas vendas diretas. Sem dó nem piedade.

E o nível também está altíssimo, porque nosso negócio de vendas diretas cresceu drasticamente nesse mesmo período, de 1,6 bilhão de dólares em 1999 para 117 bilhões de dólares no ano passado. A taxa de crescimento anual composta para nosso negócio de vendas diretas foi de 25% nesse período. Mas, nesse mesmo intervalo de tempo, as vendas de terceiros cresceram de 0,1 bilhão de dólares para 160 bilhões de dólares – uma taxa de crescimento anual composta de 52%. Para dar uma referência externa, as vendas brutas de mercadorias pelo eBay cresceram a uma taxa composta de 20%, indo de 2,8 bilhões de dólares para 95 bilhões de dólares.

Por que os vendedores independentes se saíram tão melhor nas vendas pela Amazon do que pelo eBay? E por que eles conseguiram crescer tão mais rápido do que a área responsável pelas vendas diretas da Amazon, um setor tão organizado? Não existe uma explicação única, mas nós temos plena noção de uma parte extremamente importante da resposta:

Nós ajudamos os vendedores independentes a competir com nosso negócio de vendas diretas, pois oferecemos a eles **as melhores ferramentas de vendas que poderíamos imaginar e construir** *(12. Focar em padrões de excelência)*. São inúmeras ferramentas, inclusive as que ajudam os vendedores a gerenciar estoque, processar pagamentos, rastrear envios, criar relatórios e vender para outros países – e todos os anos inventamos outras. Mas de extrema importância foram os programas Fulfillment by Amazon e Prime. Juntos, eles **melhoraram significativamente a experiência do cliente** *(4. Ter obsessão pelo cliente)* nas compras com vendedores independentes. Com o sucesso desses dois programas hoje já muito bem estabelecidos, é difícil para a maioria das pessoas entender quão transformadoras foram essas ideias no momento em que as lançamos. **Investimos nesses programas correndo um risco financeiro significativo e depois de muito debate interno** *(2. Apostar em grandes ideias)*. Tivemos que continuar investindo alto ao longo do tempo, à medida que experimentávamos diferentes ideias e versões. Não podíamos prever com certeza que cara teriam no futuro, muito menos saber se teriam sucesso, mas eles foram impulsionados com base em intuição e coragem, além de terem sido nutridos por muito otimismo.

Intuição, curiosidade e o poder da digressão

Na Amazon, desde muito cedo sabíamos que queríamos **criar uma cultura** *(11. Manter uma cultura própria)* de "criadores" – pessoas curiosas, desbravadoras, que gostam de inventar. Mesmo quando são especialistas, estão "frescos" e têm uma mente de iniciante. Para eles, a forma como fazemos as coisas é apenas a forma como as fazemos agora. Essa mentalidade de "criadores" nos ajuda a encarar oportunidades grandes e complexas com a humilde convicção de que o sucesso pode vir com a reiteração: inventar, lançar, reinventar, relançar, começar de novo, repetir, de novo e de novo. Eles sabem que **o caminho para o sucesso não é uma linha reta** *(1. Incentivar o "fracasso bem-sucedido")*.

Nos negócios, às vezes (ou na maioria das vezes) **você realmente sabe para onde está indo, e, quando sabe, consegue ser eficiente** *(6. Compreender seu flywheel – ou círculo virtuoso)*. Botar um plano em prática e executar. Por sua vez, ficar divagando não é eficiente... mas também não é algo aleatório. É algo *guiado* por palpites, instinto, intuição e curiosidade e alimentado pela profunda convicção de que o benefício para os clientes compensa certa dose de confusão e digressão para chegar lá. As digressões são um contrapeso essencial à eficiência. É preciso empregar ambas as coisas. As maiores descobertas – as "não lineares" – muito provavelmente exigem que se divague um pouco.

Os milhões de clientes do AWS vão de startups a grandes empresas, de entidades governamentais a organizações sem fins lucrativos, cada uma querendo oferecer melhores soluções a seus usuários finais. Passamos muito tempo pensando o que querem essas organizações e as pessoas que trabalham nelas – desenvolvedores, gerentes de desenvolvimento, gerentes de operações, diretores de TI, diretores de transformação digital, diretores de segurança da informação, etc.

Muito do que construímos no AWS baseia-se no que *ouvimos* dos clientes. É fundamental perguntar a eles o que querem, ouvir com atenção as respostas e criar um plano para lhes oferecer produtos bem pensados e com rapidez (**nos negócios, a velocidade é uma questão importante!**) *(7. Agilizar a tomada de decisões)*. Nenhum negócio consegue prosperar sem essa obsessão pelo cliente. Mas não é o suficiente. As grandes revoluções começam naquilo que os clientes nem sabem como pedir. Precisamos inventar em nome deles. Temos que explorar nossa imaginação para identificar o que é possível.

O próprio AWS – como um todo – é um bom exemplo disso. Ninguém pediu algo como ele. Acontece que o mundo estava prontinho e sedento por um produto assim, mesmo sem saber. **Tivemos um palpite** *(3. Praticar invenção e inovação dinâmicas)*, seguimos nossa curiosidade, assumimos os riscos financeiros necessários e começamos o trabalho de criação – retrabalhando, experimentando e repetindo inúmeras vezes durante todo o processo.

No AWS, esse mesmo padrão se repetiu muitas vezes. Por exemplo: nós inventamos o DynamoDB, um banco de dados de valores-chave, altamente escalável e de baixa latência, utilizado atualmente por milhares de clientes do AWS. Ao ouvir com atenção o que os clientes queriam, percebemos que eles reclamavam muito porque se sentiam limitados pelas opções de seus bancos de dados de categoria comercial e estavam insatisfeitos havia décadas com seus fornecedores – eram opções caras, patenteadas, com travas e termos punitivos de licenciamento. Passamos alguns anos construindo nosso próprio banco de dados relacional, o Amazon Aurora, um serviço totalmente gerenciado, compatível com MySQL e PostgreSQL, com performance e disponibilidade igual ou superior aos bancos de dados de categoria comercial, por um décimo do custo. Nós não ficamos surpresos quando ele funcionou.

Também estamos otimistas quanto aos bancos de dados especializados, para *workloads* específicos. Nos últimos 20, 30 anos, as empresas rodaram a maioria de seus *workloads* usando bancos de dados relacionais. A familiaridade dos desenvolvedores com esses bancos relacionais fez com que essa fosse a tecnologia preferencial, mesmo quando não era a ideal. Embora a opção deixasse a desejar, o tamanho das séries de dados era, em geral, pequeno e as latências de consulta aceitáveis eram longas o suficiente para que a coisa funcionasse. Só que hoje muitos aplicativos armazenam uma enorme massa de dados – terabytes e petabytes. E as exigências também mudaram. Aplicativos modernos estão gerando a necessidade de baixa latência, processamento em tempo real e capacidade de processar milhões de solicitações por segundo. Não se trata apenas de armazenamento de valores-chave, como o DynamoDB, mas também de bancos de dados em memória principal, como o Amazon ElastiCache, bancos de dados de séries temporais, como o Amazon Timestream, além de soluções para livros contábeis, como o Amazon Quantum Ledger – a ferramenta certa para o trabalho certo economiza dinheiro e **faz seu produto** chegar mais rápido ao mercado *(9. Acelerar o tempo por meio da tecnologia)*.

Também estamos mergulhando de cabeça na missão de ajudar as empresas a aproveitar o aprendizado de máquina. **Há tempos já estamos trabalhando nisso** *(5. Aplicar um pensamento de longo prazo)*, e, como acontece com outros avanços importantes, nossas tentativas iniciais de exteriorizar algumas de nossas primeiras ferramentas internas de aprendizado de máquina foram um fracasso. Foram muitos anos de digressão – experimentação, repetição e refinamento, além de valiosas contribuições de nossos clientes – até criarmos o SageMaker, lançado um ano e meio atrás. O SageMaker elimina o trabalho pesado, a complexidade e as conjecturas de cada um dos passos do processo de aprendizado de máquina, democratizando a inteligência artificial. Hoje, milhares de clientes estão construindo modelos de aprendizado de máquina a partir do AWS com o SageMaker. Continuamos aprimorando o serviço, inclusive acrescentando novas habilidades de aprendizado por reforço. O aprendizado por reforço tem uma curva acentuada de aprendizado e muitas partes móveis, o que na prática vem impedindo seu uso por organizações sem muitos recursos financeiros e técnicos. Nada disso seria possível sem uma cultura que estimula a curiosidade e sem a disposição a tentar coisas totalmente novas, em benefício dos clientes. Os clientes, por sua vez, estão respondendo à nossa divagação e escuta dedicadas a eles: hoje, o AWS é uma linha de negócios com receita anualizada recorrente de 30 bilhões de dólares, que continua crescendo em ritmo acelerado.

Imaginar o impossível

Hoje, a Amazon ainda é um pequeno player no cenário do varejo global. Representamos um percentual pequeno, de um único dígito, do mercado total de varejo, e em todos os países em que atuamos existem varejistas muito maiores do que nós. Isso porque quase 90% do varejo continua sendo off-line, em estabelecimentos tradicionais. Por muitos anos, ficamos pensando como poderíamos atender os clientes em lojas físicas, mas primeiro tínhamos que inventar alguma coisa que pudesse realmente encantá-los. Com as lojas Amazon Go, tivemos uma visão muito clara. Era preciso eliminar o que havia de pior no varejo físico: as filas do caixa. Ninguém gosta de ficar na fila. Então imaginamos uma loja em que o cliente pudesse entrar, pegar o que quisesse e sair.

Não foi nada fácil em termos técnicos. A iniciativa exigiu o esforço de centenas de cientistas da computação e engenheiros inteligentes e dedicados do mundo todo. Tivemos que projetar e construir nossas próprias câmeras e prateleiras, além de inventar novos algoritmos de visão computacional com a capacidade de combinar imagens de centenas de câmeras atuando em conjunto. Tínhamos que fazer isso tudo de forma que **a tecnologia funcionasse bem a ponto de passar despercebida** *(8. Simplificar o que é complexo)*. A recompensa tem sido a resposta dos clientes, que descrevem a experiência de comprar nas lojas Amazon Go como "pura magia". Hoje temos 10 lojas, em Chicago, São Francisco e Seattle, e estamos animados com o que vem por aí.

Os fracassos também precisam ganhar escala

Quando uma empresa cresce, *tudo* precisa ganhar escala, inclusive o tamanho dos experimentos que não dão certo. Se o tamanho dos fracassos não estiver aumentando, suas invenções não vão estar à altura de realmente fazer alguma diferença. A Amazon só estará fazendo experimentos na escala certa para uma companhia do nosso porte se eventualmente tivermos fracassos multibilionários. É claro que não vamos fazer esses experimentos sem critério. Vamos trabalhar duro para transformá-los em boas apostas, mas nem todas as apostas terão valido a pena. Assumir grandes riscos faz parte do serviço que nós, como empresa grande, podemos oferecer aos nossos clientes e à sociedade. A boa notícia para os donos de ações é que uma única grande conquista pode compensar, de longe, o custo de muitos fracassos.

 O Fire Phone e o Echo começaram a ser desenvolvidos mais ou menos na mesma época. Quando o Fire Phone se mostrou um fracasso, nós (e os desenvolvedores) conseguimos extrair nossas lições e acelerar os esforços para criar o Echo e a Alexa. A ideia teve inspiração no computador de *Star Trek*, mas também deve suas origens a duas outras áreas onde estamos criando coisas e divagando há alguns anos: aprendizado de máquina e computação na nuvem. Desde os primórdios da Amazon, o aprendizado de máquina tem sido parte fundamental de nossas recomendações de produtos, e o AWS nos deu um lugar na primeira fila quanto às potencialidades da nuvem. Depois de muitos anos de desenvolvimento, o Echo estreou em 2014, alimentado pela Alexa, que mora na nuvem do AWS.

 Nenhum cliente estava clamando pelo Echo. Isso definitivamente foi fruto de nossas digressões. As pesquisas de mercado não ajudam. Se em 2013 perguntássemos aos clientes "Você gostaria de fazer perguntas a um cilindro preto, sempre ligado, mais ou menos do tamanho de uma lata de Pringles, que também acendesse suas luzes e tocasse música?", garanto que eles nos olhariam com cara de espanto e responderiam "Não, obrigado".

 Desde a primeira geração do Echo, os clientes já compraram mais de 100 milhões de dispositivos que operam com a Alexa. No ano passado, melhoramos em mais de 20% a capacidade da Alexa de entender as solicitações e responder às perguntas, acrescentando bilhões de informações para deixá-la mais inteligente do que nunca. Os desenvolvedores dobraram o número de Skills da Alexa, para mais de 80 mil, e em 2018 os clientes falaram com a Alexa dezenas de bilhões de vezes a mais do que em 2017. O número de dispositivos com a Alexa integrada mais que dobrou em 2018: já são mais de 150 produtos diferentes nessa categoria, desde fones de ouvido e PCs até carros e dispositivos para casas inteligentes. E tem muito mais coisa a caminho!

Uma última observação antes de encerrar. Como disse na primeira carta aos acionistas, mais de 20 anos atrás, nosso foco é contratar e reter funcionários versáteis e talentosos, que **pensem como donos** *(10. Promover a atitude de dono)*. Para isso, precisamos investir em nossos funcionários. De forma semelhante ao que acontece com tantas outras coisas na Amazon, **além de análise, usamos também nossa intuição** *(13. Medir o que importa, questionar o que é medido e confiar na própria intuição)* e nosso coração para encontrar o caminho certo.

No ano passado, aumentamos a remuneração mínima para 15 dólares a hora para todos os funcionários em tempo integral, meio período, temporários e sazonais nos Estados Unidos. Esse aumento beneficiou mais de 250 mil funcionários da Amazon, além de mais de 100 mil funcionários temporários que trabalharam no último fim de ano em unidades da Amazon em todo o país. Acreditamos que investir nos funcionários beneficia nosso negócio, mas não foi isso que determinou essa decisão. Sempre oferecemos remunerações competitivas, mas decidimos que estava na hora de tomar a dianteira, servir de exemplo: oferecer remunerações que estivessem além do "competitivo". Agimos assim porque nos pareceu a coisa certa a fazer.

Hoje, desafio nossos maiores concorrentes no varejo (vocês sabem quem são!) a se equipararem a nós em relação aos benefícios para funcionários e à remuneração mínima de 15 dólares. Façam isso! Ou melhor: cheguem aos 16 dólares e joguem a bola de novo para nós. Esse tipo de competição beneficia a todos.

Muitos dos outros programas que criamos para os nossos funcionários vieram tanto do coração quanto da cabeça. Já mencionei o *Escolha de carreira*, que paga até 95% da mensalidade de cursos para os funcionários se inscreverem em áreas em ascensão, mesmo que essas carreiras acabem afastando-os da Amazon. Mais de 16 mil funcionários já se beneficiaram do programa, que não para de crescer. Outro programa, o *Habilidades profissionais*, capacita os colaboradores em habilidades fundamentais para o trabalho, como elaboração de currículo, comunicação eficiente e princípios básicos de informática. Em outubro do ano passado, dando continuidade a esses compromissos, assinamos o *Compromisso do presidente com os trabalhadores americanos* e anunciamos que iremos aprimorar as qualificações profissionais de 50 mil funcionários dos Estados Unidos através de um de nossos programas inovadores de capacitação.

Nossos investimentos não se limitam aos nossos funcionários atuais nem ao presente. Para capacitar a mão de obra do futuro, nos comprometemos com 50 milhões de dólares, inclusive através de nosso programa recém-anunciado *Engenheiro do futuro Amazon*, para apoiar os programas de educação de Stem [Ciências, Tecnologia, Engenharia e Matemática, na sigla em inglês] e CS [Ciências da Computação, na sigla em inglês] em todo o país para estudantes do ensino fundamental, do ensino médio e universitário, com o foco específico em atrair mais mulheres e minorias para essas profissões. Também continuamos tirando proveito dos incríveis talentos de nossos veteranos de guerra. Estamos bem encaminhados para atingir nossa meta de contratar 25 mil veteranos e cônjuges de militares até 2021. E, com nosso programa *Aprendizado técnico para veteranos de guerra*, estamos oferecendo a eles formação em exercício da função em áreas como computação na nuvem, por exemplo.

Deixo um enorme agradecimento aos nossos clientes, por nos permitir atendê-los ao mesmo tempo que nos desafiam a fazer sempre melhor, aos nossos donos de ações, pelo apoio contínuo, e aos nossos funcionários do mundo todo, pelo trabalho árduo e o espírito pioneiro. As mais diversas equipes da Amazon estão *ouvindo* os clientes e *divagando* em nome deles!

Como sempre, anexo uma cópia de nossa carta original, de 1997. **Continua sendo o "Dia 1"** *(14. Acreditar que é sempre o "Dia 1").*

Atenciosamente,
JEFFREY P. BEZOS
Fundador e CEO da Amazon.com, Inc.

Glossário de termos usados pela Amazon

Amazon Auctions (Leilões Amazon): Uma das principais iniciativas da Amazon em 1999. Lançada declaradamente para competir com o eBay. Acabou não funcionando, mas deu origem à zShops, que mais tarde se transformou no Marketplace.

Amazon é a empresa mais voltada ao cliente no mundo: Bezos usa essa frase inúmeras vezes, enfatizando que a Amazon mantém o cliente como foco principal.

Amazon Fresh: Serviço de venda on-line de produtos de supermercado (além de outros 500 mil itens de diferentes categorias), testado em Seattle durante cinco anos e depois expandido também para outras cidades.

Amazon Lockers: Os armários da Amazon são quiosques seguros de autoatendimento, onde os clientes podem pegar suas encomendas da Amazon na hora e no local mais convenientes para eles.

Amazon Marketplace: Em 2001, essa plataforma permitiu que vendedores independentes disponibilizassem seus produtos na mesma página que os produtos da Amazon, dando-lhes acesso direto aos clientes da empresa. Para participar da plataforma, é preciso pagar à Amazon uma média de 15% sobre cada item vendido.

Amazon Web Services (AWS): O AWS é uma plataforma segura de serviços na nuvem que oferece capacidade de computação, armazenamento de banco de dados, entrega de conteúdo e outras funcionalidades para ajudar os negócios a ganhar escala e crescer.

Aproveitar as habilidades: Segundo Bezos, isso envolve identificar as habilidades já existentes dentro de uma organização e pensar em formas de aproveitá-las melhor. No entanto, ele faz um alerta: sozinha, essa não é uma boa estratégia, porque as habilidades já existentes podem acabar ficando ultrapassadas.

Armazenamento caótico: Os itens em estoque são armazenados em qualquer prateleira em que haja espaço vazio. Isso significa que uma determinada área de armazenamento pode ter cinco itens completamente diferentes armazenados um ao lado do outro. Estima-se que a Amazon consiga armazenar 25% a mais de estoque no mesmo espaço ocupado por depósitos tradicionais, usando uma tecnologia que compensa em muito a aparente ineficiência desse sistema.

Arquitetura Orientada a Serviços (SOA, na sigla em inglês): Considerada o principal elemento constitutivo das tecnologias da Amazon, a SOA foi implantada na empresa muito antes de virar um termo da moda. As tecnologias da Amazon são implementadas como serviços e permite-se que elas evoluam e se desenvolvam em seu ritmo próprio.

Atualização Instantânea do Pedido: Um recurso usado pela Amazon.com para avisar aos clientes que eles já compraram determinado item, evitando, assim, que comprem sem querer o mesmo item duas vezes.

AWS: Ver Amazon Web Services.

Centro de distribuição: Inicialmente um depósito e centro de armazenamento, nos primórdios da Amazon. Os centros de distribuição de Seattle e Delaware foram os primeiros inaugurados, em 1997, tornando-se os pioneiros em sua rede de distribuição.

Compra com 1-Clique: Método de compra patenteado pela

Amazon em 1998, que permite aos clientes pagar seus pedidos com os detalhes de pagamento armazenados nos servidores da empresa. Assim, eles conseguem efetivar suas compras com apenas um clique do mouse. A Amazon recebeu a patente do processo em 1999.

Contatos por pedido: Uma das principais medidas da Amazon para avaliar a satisfação do cliente; contabiliza quantos contatos são feitos por cliente, por pedido.

Dados históricos de compra: Parte da equação usada pela Amazon para tomar decisões de compra. Para medir e prever a demanda dos clientes, observa com que frequência determinado produto foi comprado.

Dê uma olhada: Com esse serviço, lançado no ano 2000, os clientes podem visualizar imagens em alta resolução da capa e da quarta capa, além de uma amostra de um número razoável de páginas do livro que estão interessados em comprar.

Elasticidade de preços: Bezos sinaliza que vai contra a matemática ao baixar os preços, embora a Amazon pudesse, na verdade, aumentá-los. Ele comenta que a empresa possui dados suficientes sobre elasticidade e observou que uma redução no preço acaba muitas vezes resultando num determinado percentual de aumento das unidades vendidas.

Escolha de carreira: A Amazon paga 95% da mensalidade de cursos para os funcionários se inscreverem nas áreas em ascensão.

Fulfillment by Amazon (FBA): A Amazon tem uma das mais avançadas redes de logística do mundo. Com o FBA, os fornecedores podem armazenar seus produtos nos centros de logística da Amazon, que os escolhe, embala e despacha, oferecendo também atendimento ao cliente. O FBA ajuda os negócios a ganhar escala e atingir mais clientes. Em média, os vendedores pagam 15% por esse serviço.

Hubs de transporte: A Amazon leva em conta os hubs de transporte existentes em determinadas localidades para decidir onde abrir seus centros de logística, de modo a conseguir fazer entregas mais eficientes e rápidas.

Índice de Satisfação do Cliente Americano: Também conhecido como ACSI (na sigla em inglês), mede a satisfação do cliente em relação a uma ampla gama de produtos e serviços oferecidos nos Estados Unidos. É considerado um indicador econômico. Foi lançado em 1994 por pesquisadores do National Quality Research Center, da Universidade de Michigan.

Licença compartilhada: Programa que permite aos funcionários da Amazon compartilhar sua licença remunerada com o cônjuge ou parceiro, caso os empregadores deles não ofereçam esse tipo de benefício.

Modelo de negócios otimizador de capital: Assunto debatido na carta de 1999, quando a Amazon teve vendas anualizadas de 2 bilhões de dólares, o que exigiu menos de 600 milhões de dólares em estoques e ativos imobilizados, usando apenas 62 milhões de dólares em caixa operacional de forma cumulativa nos anos anteriores. Esse ciclo beneficia a empresa, pois assim ela continua crescendo.

Natureza de autoatendimento das plataformas: Bezos ressalta que isso estimula a inovação, em especial quando ela aparece sob a forma de ideias aparentemente improváveis – porque mesmo os intermediários mais bem-intencionados podem estagnar o progresso. O Fulfillment by Amazon é um exemplo de plataforma de autoatendimento.

Personalização: Aprender o que os clientes preferem e buscar melhorar a Amazon.com para atender a essas preferências.

Pesquisar neste livro: Os usuários podem navegar por uma amostra de páginas digitalizadas para ajudá-los a decidir se querem comprar determinado livro.

Petiscar informações: Na carta de 2007, Bezos comenta como os seres humanos evoluem junto com suas ferramentas. As novas tecnologias nos levaram a um ponto em que consumimos informação em fragmentos e pedaços, e, segundo ele, com menor capacidade de concentração.

Pilares da experiência do cliente: A Amazon tem a firme convicção de que os clientes querem sempre preços baixos, ampla seleção e entrega rápida, e acredita que isso se manterá ao longo do tempo.

Programa de vendas internacionais: De acordo com Bezos, esse programa, que cresceu mais de 50% em 2017, permite que negócios de pequeno e médio porte consigam vender seus produtos para outros países (desenvolvido para vendedores do Marketplace habilitados a fazer vendas internacionais).

Rede de centros de logística: Os fornecedores enviam as mercadorias para um centro de logística e a Amazon despacha os pedidos para os clientes. A gestão de estoques é um dos maiores problemas operacionais para muitas lojas on-line, mas é também um componente essencial para cultivar a melhor experiência possível para o cliente.

Resistir aos *proxies*: Segundo Bezos, à medida que as empresas crescem, correm o risco de ficar administrando *proxies*, e ele cita os processos como um exemplo de *proxy*. Há o risco de o *proxy* se transformar no próprio produto, ganhar o foco e ser tratado como um fim, não um meio. Bezos ressalta que as empresas precisam ser donas do processo, não o contrário.

Retorno gradual: As mães que trabalham na Amazon têm controle adicional sobre o ritmo com que voltam a trabalhar.

Seller Flex: Lançado primeiro na Índia, para testar como a Amazon consegue adaptar sua rede de centros de logística para especificidades logísticas locais e necessidades dos clientes. A Amazon inclui em sua rede partes de armazéns de vendedores locais, providenciando infraestrutura e procedimentos operacionais. Em 2015, já havia 25 unidades em operação, em dez cidades.

Sugestões de busca: Adicionadas às capacidades de busca da Amazon em 2006, com esse recurso o usuário pode digitar apenas as primeiras letras do que procura que o mecanismo de busca lhe trará palavras ou termos sugeridos.

Super Saver Shipping: Frete grátis o ano inteiro para pedidos acima de 25 dólares. Teve início em 2001.

Trabalhar do fim para o começo: De acordo com Bezos, isso envolve identificar as necessidades dos clientes e a partir daí desenvolver novas habilidades e competências para atendê-las. Essa estratégia funciona bem com a abordagem de aproveitar as habilidades já existentes.

Weblab: Plataforma de experimentação interna da Amazon, usada para avaliar produtos, sites e outras melhorias.

zShops: Versão bem-sucedida do Amazon Auctions, que permitia a qualquer um – indivíduos ou empresas – montar uma loja on-line.

Notas

Risco e crescimento

1. "2010 Baccalaureate Remarks". Universidade de Princeton. Acesso em: 30 de abril de 2019. Disponível em: https://www.princeton.edu/news/2010/05/30/2010-baccalaureate-remarks.

Por que as cartas de Bezos?

2. "Annual Reports, Proxies and Shareholder Letters". Acesso em: 1º de março de 2019. Disponível em: https://ir.aboutamazon.com/annual-reports.
3. "AWS Culture". Amazon. Acesso em: 1º de março de 2019. Disponível em: https://aws.amazon.com/careers/culture/.
4. "Leadership Principles". Amazon. Acesso em: 1º de março de 2019. Disponível em: https://www.amazon.jobs/en/principles.

Princípio 1: Incentivar o "fracasso bem-sucedido"

5. Blodget, Henry. "I Asked Jeff Bezos The Tough Questions—No Profits, The Book Controversies, The Phone Flop—And He Showed Why Amazon Is Such A Huge Success". Business Insider. 13 de dezembro de 2014. Acesso em: 30 de abril de 2019. Disponível em: https://www.businessinsider.com/amazons-jeff-bezos-on-profits-failure-succession-big-bets-2014-12.
6. Kranz, Gene. *Failure Is Not an Option: Mission Control from Mercury to Apollo 13 and Beyond*. Nova York: Simon & Schuster Paperbacks, 2009.
7. Hosking, Julie. "The Men Behind the Moon Landings". *The West Australian*. 5 de maio de 2018. Acesso em: 30 de abril de 2019. Disponível em: https://thewest.com.au/entertainment/theatre/to-the-moon-and-back-ng-b88796060z.
8. Blodget, Henry. "I Asked Jeff Bezos The Tough Questions—No Profits, The Book Controversies, The Phone Flop—And He Showed Why Amazon Is Such A Huge Success".

Princípio 3: Praticar invenção e inovação dinâmicas

9. "The David Rubenstein Show: Jeff Bezos". Bloomberg.com. 19 de setembro de 2018. Acesso em: 30 de abril de 2019. Disponível em: https://www.bloomberg.com/news/videos/2018-09-19/the-david-rubenstein-show-jeff-bezos-video.
10. "Amazon Lab126". Amazon.jobs. Acesso em: 30 de abril de 2019. Disponível em: https://amazon.jobs/en/teams/lab126.
11. DeGeurin, Mack. "From Online Books to Smart Speaker Behemoth: How Amazon Conquered the Bookstore and is Using it to Showcase What's Next". Medium. 11 de outubro de 2018. Acesso em: 30 de abril de 2019. Disponível em: https://medium.com/predict/from-bookstore-to-smart-speaker-behemoth-how-amazon-conquered-the-bookstore-and-is-using-it-to-2f73e6eb10bf.

Princípio 4: Ter obsessão pelo cliente

12. "Amazon.com Introduces New Logo; New Design Communicates Customer Satisfaction and A-to-Z Selection". Amazon.com, Inc. Press Room. 25 de janeiro de 2000. Acesso em: 30 de abril de 2019. Disponível em: https://press.aboutamazon.com/news-releases/news-release-details/amazoncom-introduces-new-logo-new-design-communicates-customer.
13. Blodget, Henry. "Just the Latest Example of Why Amazon Is One of the Most Successful Companies in the World". Business Insider. 9 de dezembro de 2012. Acesso em: 30 de abril de 2019. Disponível em: https://www.businessinsider.com/why-amazon-is-one-of-the-most-successful-companies-in-the-world-2012-12.

Princípio 5: Aplicar um pensamento de longo prazo

14. Brand, Stewart. "About Long Now". The Long Now Foundation. Acesso em: 30 de abril de 2019. Disponível em: http://longnow.org/about/.
15. "The 10,000 Year Clock". The Long Now Foundation. Acesso em: 30 de abril de 2019. Disponível em: http://longnow.org/clock/.
16. Ibid.
17. Tweney, Dylan. "How to Make a Clock Run for 10,000 Years". *Wired*. 23 de junho de 2011. Acesso em: 30 de abril de 2019. Disponível em: https://www.wired.com/2011/06/10000-year-clock/.

18. Stoll, John D. "For Companies, It Can Be Hard to Think Long Term". *The Wall Street Journal*. 3 de dezembro de 2018. Acesso em: 30 de abril de 2019. Disponível em: https://www.wsj.com/articles/for-companies-it-can-be-hard-to-think-long-term-1543846491.
19. "Market Caps of S&P 500 Companies 1979 – 2019". SiblisResearch.com. 3 de abril de 2019. Acesso em: 30 de abril de 2019. Disponível em: http://siblisresearch.com/data/market-caps-sp-100-us/.

Princípio 6: Compreender seu *flywheel* – ou círculo virtuoso

20. Haden, Jeff. "Best From the Brightest: Jim Collins's Flywheel". Inc. com. 21 de janeiro de 2014. Acesso em: 30 de abril de 2019. Disponível em: https://www.inc.com/jeff-haden/the-best-from-the-brightest-jim-collins-flywheel.html.
21. Griswold, Alison. "Amazon Just Explained How Whole Foods Fits into Its Plan for World Domination". Quartz. 30 de julho de 2018. Acesso em: 30 de abril de 2019. Disponível em: https://qz.com/1113795/amazon-amzn-just-explained-how-whole-foods-fits-into-its-plan-for-world-domination/.
22. Collins, Jim. "Turning the Flywheel". Jim Collins – Books – Turning the Flywheel. Janeiro de 2019. Acesso em: 30 de abril 2019. Disponível em: https://www.jimcollins.com/books/turning-the-flywheel.html.

Princípio 7: Agilizar a tomada de decisões

23. "A Conversation with Jeff Bezos". Fórum de Liderança. Acesso em: 30 de abril de 2019. Disponível em: https://www.bushcenter.org/takeover/sessions/forum-leadership/bezos-closing-conversation.html.
24. Porter, Brad. "The Beauty of Amazon's 6-Pager". LinkedIn. Acesso em: 30 de abril de 2019. Disponível em: https://www.linkedin.com/pulse/beauty-amazons-6-pager-brad-porter.

Princípio 8: Simplificar o que é complexo

25. Rogers, Everett M. *Diffusion of Innovations*. 5th ed. New York: Free Press, 2003.
26. Ciolli, Joe. "Amazon's $1 Billion Purchase of PillPack Wiped out 15 times that from Pharmacy Stocks—and It Shows the Outsize Effect the Jugger-

naut Can Have on an Industry". Business Insider. 28 de junho de 2018. Acesso em: 30 de abril de 2019. Disponível em: https://www.businessinsider.com/amazon-pharmacy-pillpack-acquisition-merger-showing-outsized-impact-2018-6.

Princípio 9: Acelerar o tempo por meio da tecnologia

27. "Amazon Fulfillment: FAQs". Acesso em: 1º de maio de 2019. Disponível em: https://www.aboutamazon.com/amazon-fulfillment/faqs#how-many-fulfillment-and-sortation-centers-are-there-globally.

Princípio 10: Promover a atitude de dono

28. Amazon Restricted Stock Units: Becoming an Owner. Amazon. Acesso em: 30 de abril de 2019. Disponível em: https://docplayer.net/8162546-Amazon-restricted-stock-units.html.

Princípio 11: Manter uma cultura própria

29. Roth, Daniel. "Top Companies 2019: Where the U.S. Wants to Work Now". LinkedIn. 3 de abril de 2019. Acesso em: 30 de abril de 2019. Disponível em: https://www.linkedin.com/pulse/top-companies-2019-where-us-wants-work-now-daniel-roth/.
30. "Princípios de liderança". Amazon. Acesso em: 10 de fevereiro de 2020. Disponível em: https://www.amazon.jobs/pt/principles.
31. Day One Staff. "How to Build Your Own Amazon Door Desk". The Amazon Blog: Day One (blog). 16 de janeiro de 2018. Acesso em: 30 de abril de 2019. Disponível em: https://blog.aboutamazon.com/working-at-amazon/how-to-build-your-own-amazon-door-desk.
32. Karlinsky, Neal e Jordan Stead. "How a Door Became a Desk, and a Symbol of Amazon". The Amazon Blog: Day One (blog). 17 de janeiro de 2018. Acesso em: 30 de abril de 2019. Disponível em: https://blog.aboutamazon.com/working-at-amazon/how-a-door-became-a-desk-and-a-symbol-of-amazon.
33. "The Jeff Bezos of 1999: Nerd of the Amazon". Entrevista com Bob Simon. *CBS News*. 18 de janeiro de 2018. Acesso em: 30 de abril de 2019. Disponível em: https://www.cbsnews.com/video/the-jeff-bezos-of-1999-nerd-of-the-amazon.

34. Yarow, Jay. "What It's Like Walking Around Amazon's Massive Offices In Seattle". Business Insider. 24 de junho de 2013. Acesso em: 30 de abril de 2019. Disponível em: https://www.businessinsider.com/what-its-like-walking-around-amazons-massive-offices-in-seattle-2013-6.

Princípio 12: Focar em padrões de excelência

35. "Entrevista Pessoal". Amazon.jobs. Acesso em: 10 de fevereiro de 2020. Disponível em: https://www.amazon.jobs/pt/landing_pages/in-person-interview.
36. "Amazon Logistics". Amazon. Acesso em: 30 de abril de 2019. Disponível em: https://logistics.amazon.com/marketing/opportunity.
37. "Drive with Uber—Make Money on Your Schedule". Uber.com. Acesso em: 30 de abril de 2019. Disponível em: https://www.uber.com/us/en/drive/.
38. "Driving with Lyft Is Now Better than Ever". Lyft, Inc. Acesso em: 30 de abril de 2019. Disponível em: https://www.lyft.com/driver/why-drive-with-lyft.
39. "Standards for Brands Selling in the Amazon Store". Amazon. Acesso em: 30 de abril de 2019. Disponível em: https://sellercentral.amazon.com/gp/help/external/G201797950.

Princípio 13: Medir o que importa, questionar o que é medido e confiar na própria intuição

40. "Amazon Experimentation & Optimization". Amazon.jobs. Acesso em: 30 de abril de 2019. Disponível em: http://www.amazon.jobs/en/teams/aeo.
41. "Jeff Bezos Reveals What It's like to Build an Empire and Become the Richest Man in the World—and Why He's Willing to Spend $1 Billion a Year to Fund the Most Important Mission of His Life". Entrevista dada a Mathias Döpfner. Business Insider. 28 de abril de 2018. Acesso em: 30 de abril de 2019. Disponível em: https://www.businessinsider.com/jeff-bezos-interview-axel-springer-ceo-amazon-trump-blue-origin-family-regulation-washington-post-2018-4.

Uma mentalidade voltada para o risco e o crescimento

42. Lane, Randall. "Bezos Unbound: Exclusive Interview With the Amazon Founder On What He Plans To Conquer Next". *Forbes*. 21 de fevereiro de

2019. Acesso em: 3 de maio de 2019. Disponível em: https://www.forbes.com/sites/randalllane/2018/08/30/bezos-unbound-exclusive-interview-with-the-amazon-founder-on-what-he-plans-to-conquer-next/.

43. "Jeff Bezos: Lake Forest Speech". C-SPAN.org. Acesso em: 30 de abril de 2019. Disponível em: https://www.c-span.org/video/?c4620829/jeff-bezos.
44. Davenport, Christian. *Space Barons: Elon Musk, Jeff Bezos, and the Quest to Colonize the Cosmos*. Waterville, Maine: Thorndike Press, 2018.
45. Bechtel, Wyatt. "World's Richest Man Learned Work Ethic as a Kid on a Cattle Ranch". *Drovers*. 22 de maio de 2018. Acesso em: 30 de abril de 2019. Disponível em: http://www.drovers.com/article/worlds-richest-man-learned-work-ethic-kid-cattle-ranch.
46. Ibid.
47. "Jeffrey P. Bezos on Passion". Academy of Achievement: Keys to Success. Acesso em: 30 de abril de 2019. Disponível em: https://www.achievement.org/video/bez0-pas-005/.
48. Imagem digitalizada. Miami Herald Online Store. 2 de março de 2011. Acesso em: 30 de abril de 2019. Disponível em: http://miamiheraldstore.mycapture.com/mycapture/enlarge.asp?image=34796019&event=1197554&CategoryID=58651.
49. "Brought to Book". Entrevista dada a Andrew Smith. *The Guardian*. 10 de fevereiro de 2011. Acesso em: 30 de abril de 2019. Disponível em: https://www.theguardian.com/books/2001/feb/11/computingandthenet.technology.

Para além da Amazon

50. "Our Mission". Blue Origin. Acesso em: 30 de abril de 2019. Disponível em: https://www.blueorigin.com/our-mission.
51. "Interview: Jeff Bezos Lays out Blue Origin's Space Vision, from Tourism to Off-planet Heavy Industry". Entrevista dada a Alan Boyle. 13 de abril de 2016. Acesso em: 30 de abril de 2019. Disponível em: https://www.geekwire.com/2016/interview-jeff-bezos/.
52. "Our Mission". Blue Origin.

CONHEÇA ALGUNS DESTAQUES DE NOSSO CATÁLOGO

- Augusto Cury: Você é insubstituível (2,8 milhões de livros vendidos), Nunca desista de seus sonhos (2,7 milhões de livros vendidos) e O médico da emoção
- Dale Carnegie: Como fazer amigos e influenciar pessoas (16 milhões de livros vendidos) e Como evitar preocupações e começar a viver
- Brené Brown: A coragem de ser imperfeito – Como aceitar a própria vulnerabilidade e vencer a vergonha (600 mil livros vendidos)
- T. Harv Eker: Os segredos da mente milionária (2 milhões de livros vendidos)
- Gustavo Cerbasi: Casais inteligentes enriquecem juntos (1,2 milhão de livros vendidos) e Como organizar sua vida financeira
- Greg McKeown: Essencialismo – A disciplinada busca por menos (400 mil livros vendidos) e Sem esforço – Torne mais fácil o que é mais importante
- Haemin Sunim: As coisas que você só vê quando desacelera (450 mil livros vendidos) e Amor pelas coisas imperfeitas
- Ana Claudia Quintana Arantes: A morte é um dia que vale a pena viver (400 mil livros vendidos) e Pra vida toda valer a pena viver
- Ichiro Kishimi e Fumitake Koga: A coragem de não agradar – Como se libertar da opinião dos outros (200 mil livros vendidos)
- Simon Sinek: Comece pelo porquê (200 mil livros vendidos) e O jogo infinito
- Robert B. Cialdini: As armas da persuasão (350 mil livros vendidos)
- Eckhart Tolle: O poder do agora (1,2 milhão de livros vendidos)
- Edith Eva Eger: A bailarina de Auschwitz (600 mil livros vendidos)
- Cristina Núñez Pereira e Rafael R. Valcárcel: Emocionário – Um guia lúdico para lidar com as emoções (800 mil livros vendidos)
- Nizan Guanaes e Arthur Guerra: Você aguenta ser feliz? – Como cuidar da saúde mental e física para ter qualidade de vida
- Suhas Kshirsagar: Mude seus horários, mude sua vida – Como usar o relógio biológico para perder peso, reduzir o estresse e ter mais saúde e energia

sextante.com.br